W0077016

Joachim Lehmann

Jobmaschine Verein

Geld verdienen im gemeinnützigen Verein

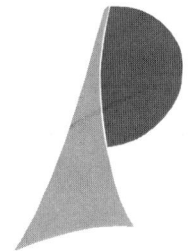

Praxis - Gesellschaft für Weiterbildung

im Vereins- und Kommunalrecht mbH

1

1 Vorwort

1.1 Unsere Leser

Ehrenamt ist ein sehr wichtiges Element im Verein. Doch auch das Ehrenamt hat seine Grenzen. Diese Broschüre wendet sich daher an unterschiedliche Zielgruppen:

- Vereine, die aufgrund der hohen psychischen und physischen Belastung des Amtes niemanden finden der bereit ist, das Amt eines Vereinsvorstands ausschließlich ehrenamtlich auszuüben,

- Vereinsvorstände die erkennen, dass es auf Dauer nicht verantwortbar ist, ihren Aufgabenbereich neben ihrer hauptamtlichen Tätigkeit zu bewältigen. Sie suchen nach Lösungen, Mitarbeiter zur Unterstützung einzustellen, evtl. als Teilzeitkraft,

- Vereinsvorstände, die nicht länger bereit und in der Lage sind, ihren Aufgabenbereich ausschließlich in ehrenamtlicher Arbeit auszufüllen und daher für sich die Möglichkeiten suchen, zumindest teilweise ihre Arbeit und ihren Aufwand bezahlt zu bekommen,

- Arbeitssuchende, die aufgrund ihrer Vorbildung in der Lage wären, bei einem Verein zu arbeiten und die Möglichkeiten einer haupt- oder nebenberuflichen Tätigkeit abschätzen wollen,

- Existenzgründer und Wechselwillige, die die Rechtsform Verein in ihre Überlegungen für ihre Zukunftsgestaltung einbeziehen und sich über die Möglichkeiten der Schaffung einer Existenz durch eine Vereinsgründung informieren wollen.

1.2 Was leistet die Broschüre

Diese Broschüre führt ein in das Thema „Geld verdienen im Verein", und macht die Möglichkeiten öffentlich, die zum Teil als „rechtlich nicht darstellbar" verkannt oder zumindest als ehrenrührig abgetan werden.

Sie will Ideen und Anregungen geben, die Vereinen neue Möglichkeiten eröffnen, ihre Existenz langfristig zu sichern und bezahlte Arbeitsplätze dort schaffen, wo unendlich viel Arbeit wartet aber aufgrund falscher oder unzureichender Informationen bestehende Chancen nicht genutzt werden.

1.3 Der Aufbau

Nur mit guten Ideen werden Sie die oben genannten Ziele nicht erreichen. Wir unterstellen daher Ihre Bereitschaft, sich auch mit den rechtlichen, steuerlichen und organisatorischen Möglichkeit eines Vereins soweit vertraut zu machen, dass Sie den Mut zu weiteren Recherchen fassen.

Denn in vielen Bereichen können wir Sie im Rahmen dieser Broschüre nur auf die Grundlagen hinweisen. So werden Sie bei hauptamtlichen Mitarbeitern oder bei einer Existenzgründung in der Rechtsform eines Vereins sicher die Hilfe externer Berater in Anspruch nehmen.

1.4 Haftungsausschluss

Zum Teil werden steuerliche, sozialversicherungsrechtliche oder andere Freigrenzen u.ä. genannt. Diese Zahlen können sich jederzeit durch Gesetze, Erlasse oder die Rechtssprechung ändern. Auch ein Irrtum unsererseits kann nicht ausgeschlossen werden. Wir können daher für den nach bestem Wissen und Gewissen recherchierten Inhalt der Broschüre keine Haftung übernehmen.

2 Was ist ein Verein

2.1 Definition

Der Verein ist ein auf eine gewisse Dauer angelegter körperschaftlich organisierter Zusammenschluss einer Anzahl von Personen, die ein gemeinschaftliches Ziel, den in der Satzung festgelegten Vereinszweck, verfolgen.

Die Gründer des Vereins müssen den Willen haben, künftig als eine Einheit unter einem Vereinsnamen auftreten zu wollen, vertreten durch einen Vorstand.

Der Wille des Vereins wird durch Beschlussfassung der Mehrheit der Mitgliederversammlung gebildet. Zum Wesen des Vereins gehört auch, dass ein Wechsel in der Mitgliedschaft stattfinden kann.

2.2 Wirtschaftlicher Verein

Ein Verein, dessen Zweck auf einen wirtschaftlichen Geschäftsbetrieb gerichtet ist, erlangt in Ermangelung besonderer reichsgesetzlicher Vorschriften Rechtsfähigkeit durch staatliche Verleihung. Die Verleihung steht dem Bundesstaate zu, in dessen Gebiet der Verein seinen Sitz hat. (§22 BGB).

Wir werden den wirtschaftlichen Verein in dieser Broschüre nicht weiter behandeln, da er nicht zum Konzept dieser Broschüre passt. Wir erwähnen ihn hier nur der Vollständigkeit halber und weisen gleichzeitig darauf hin, dass eine wirtschaftliche Betätigung auch im Idealverein im Rahmen des sog. Zweckbetriebs bzw. des wirtschaftlichen Geschäftsbetriebs durchaus möglich ist.

2.3 Idealverein - Rechtsformen

2.3.1 Eingetragener Verein

Der e.V. ist eine sog. juristische Person. Wie jede natürliche Person ist er damit rechtlich selbstständig und kann Träger von Rechten und Pflichten sein.

Der eingetragene Verein ist parteifähig, er kann klagen und ebenso verklagt werden. Er kann sogar Prozesskostenhilfe in Anspruch nehmen, wenn die sonstigen Voraussetzungen erfüllt sind.

Nach der neuesten Rechtsprechung gilt diese Eigenschaft aber auch für den nicht eingetragenen Verein. Der Verein hat das Recht, nach Paragraph 12 BGB den Schutz seines Namens zu beanspruchen.

Der Verein kann eigenes Vermögen erwerben. Im Grundbuch wird der eingetragene Verein als Eigentümer eingetragen.

Über das Vermögen des eingetragenen Vereins kann bei Vorliegen der entsprechenden Voraussetzungen das Insolvenzverfahren eröffnet werden.

Für die Vereinsschulden haftet grundsätzlich nur das Vereinsvermögen. Weder die Mitglieder noch der Vorstand können mit ihrem Privatvermögen in Anspruch genommen werden. Für den Vorstand gilt das auch bei Rechtsgeschäften, die er für den Verein abschließt.

Zur Gründung des eingetragenen Vereins sind mindestens sieben Personen erforderlich.

2.3.2 Nicht eingetragener Verein

Der nicht eingetragene Verein hat einige Gemeinsamkeiten mit der BGB-Gesellschaft, er kann nach neuer Rechtsprechung Träger von Rechten und Pflichten sein.

Anders als die BGB-Gesellschaft hat der nicht eingetragene Verein eine Satzung, Organe wie Mitgliederversammlung und Vorstand und er hat einen wechselnden Mitgliederbestand, das heißt, Mitglieder können austreten und eintreten ohne das der Verein sich auflöst. Und die Mitglieder haften nach der Rechtsprechung nicht mit ihrem Privatvermögen für die Verbindlichkeiten des Vereins.

Allerdings, und das ist ein gravierender Nachteil des nicht eingetragenen Vereins gegenüber dem eingetragenen Verein: Der Vorstand haftet für jedes Rechtsgeschäft das er für den Verein tätigt bis zur seiner Erfüllung persönlich.

Der Vorteil des n.e.V. ist, dass Sie zur Vereinsgründung nur 2 Personen benötigen statt 7 bei einem eingetragenen Verein.

2.4 Idealverein - Steuerliche Gestaltung

2.4.1 Gemeinnütziger Verein

2.4.1.1 Vorteile des gemeinnützigen Vereins

Der Staat anerkennt die Leistungen der Vereine für die Gemeinschaft indem er diesen die Möglichkeit gibt, den Status eines gemeinnützigen Vereins zu erwerben. Mit der Gemeinnützigkeit sind zahlreiche Steuervergünstigungen bei allen wichtigen Steuerarten verbunden:

- Steuerfreiheit bei der Körperschaft- und Gewerbesteuer (Ausnahme: Wirtschaftlicher Geschäftsbetrieb und/oder sportlicher Zweckbetrieb ab der Umsatzgrenze von 35000 €)
- Besteuerung eines Teils der Umsätze mit dem ermäßigten Steuersatz von 7 v. H. bei der Umsatzsteuer,
- Befreiung von der Grundsteuer und der Erbschaftsteuer,
- Steuerbefreiung von Lotterien und Ausspielungen, bei denen der Gesamtpreis der Lose einen festgesetzten Wert nicht übersteigt, von der Lotteriesteuer,

- Berechtigung zum Empfang von Spenden, die beim Geber steuerlich abziehbar sind und beim Verein steuerfrei bleiben,
- Zahlungen eines gemeinnützigen Vereins für bestimmte nebenberufliche Tätigkeiten gelten bis zur Höhe von 2100 € im Jahr beim Empfänger als steuerfreie Aufwandsentschädigung,
- Zahlung einer streuerfreien Ehrenamtspauschale von 500 € pro Jahr.

Die Steuervergünstigungen gelten grundsätzlich nur für
- die ideelle Tätigkeit des Vereins,
- die Vermögensverwaltung und
- die Zweckbetriebe.

Nicht jedoch für die wirtschaftlichen Geschäftsbetriebe des Vereins (außerhalb bestimmter Grenzen)

2.4.1.2 Es gibt auch Nachteile

Dass einige Vereine auf den Status eines gemeinnützigen Vereins verzichten liegt an den Nachteilen, die den genannten Vorteilen gegenüberstehen. Der Verein wird in seiner Handlungsfreiheit nicht unerheblich eingeschränkt. Zu bedenken sind z.b. diese zu beachtenden Regelungen:

- Der Verein kann seine Mitgliederzahl nicht ohne weiteres begrenzen. Grundsätzlich muss jeder als Mitglied aufgenommen werden, der die Satzung anerkennt.
- Die Höhe der Mitgliedsbeiträge, der Aufnahmegebühren und der Umlagen ist begrenzt.
- Es dürfen keine Erwerbszwecke, auch nicht der Mitglieder, gefördert werden.
- Die Verwendung der eingenommenen Mittel muss zeitnah erfolgen. Die Bildung von Rücklagen ist erschwert.

- Mitglieder dürfen keine Zuwendungen (d.h. ohne Gegenleistung) erhalten.
- Dritte dürfen nicht unangemessen begünstigt werden.
- Bei Auflösung des Vereins muss das Vereinsvermögen steuerbegünstigten Zwecken zugeführt werden.

2.4.1.3 Der gemeinnützige Vereinszweck

Das Gemeinnützigkeitsrecht ist in der Abgabenordnung geregelt. Danach können rechtsfähige (ins Vereinsregister eingetragene) und nicht rechtsfähige Vereine – inzwischen spricht man besser von nicht eingetragenen Vereinen - als gemeinnützig anerkannt werden, wenn sie nach Ihrer Satzung und ihrer tatsächlichen Geschäftsführung

- selbstlos,
- ausschließlich und
- unmittelbar die

Allgemeinheit fördern.

Es kann dabei nur der Gesamtverein anerkannt werden, nicht seine einzelnen Abteilungen, auch wenn diese rechtlich selbständig sind.

2.4.2 Nicht gemeinnütziger Verein

Der nicht gemeinnützige Verein wird normal besteuert ohne die Vergünstigungen eines gemeinnützigen Vereins. Allerdings bleiben auch bei ihm die Mitgliedsbeiträge und die Zuschüsse öffentlicher Stellen oder Verbände steuerfrei.

Wird ein Verein nicht als gemeinnützig anerkannt, gilt für ihn die Besteuerungsgrenze von 35.000 € nicht, d.h. der nicht gemeinnützige Verein muss Körperschaftsteuer zahlen, wenn sein Gewinn über 3.835 € liegt. Zu beachten ist, dass grundsätzlich alle Einnahmen des nicht gemeinnützigen Vereins, mit Ausnahme der echten Mitgliedsbeiträge und Spenden, der Körperschaftsteuer unterliegen.

16

Beim nicht gemeinnützigen Verein werden die Einnahmen bzw. Ausgaben nicht den 4 verschiedenen Bereichen (ideeller Bereich, Vermögensverwaltung, Zweckbetrieb und wirtschaftlicher Geschäftsbetrieb) zugeordnet, sondern den verschiedenen Einkunftsarten (Einkünfte aus Gewerbebetrieb, selbständige Einkünfte, Einkünfte aus Vermietung und Verpachtung, Einkünfte aus Kapitalvermögen, sonstige Einkünfte, Einkünfte aus Land- und Forstwirtschaft) wie sie im Einkommensteuerrecht vorkommen.

2.5 Mögliche Strukturen

2.5.1 Verband

Der Verband ist rechtlich ebenfalls ein Verein. Die Organisation als Verband bedeutet in der Regel, dass die Mitglieder des Vereins selbst Vereine oder Organisationen sind. Festzulegen wäre, inwieweit die Willensbildung sich ausschließlich von unten nach oben vollzieht oder ob es ein zumindest teilweises Weisungsrecht des Verbandes gegenüber seinen Mitgliedsorganisationen gibt (z.B. Vorgabe einer Mustersatzung, Vorgabe des Beitrages).

Ebenso wichtig ist festzuhalten, wie sich die Mitgliederversammlung zusammensetzt. Üblich ist eine Delegiertenversammlung. Die Anzahl der Delegierten je Mitgliedsverein bestimmt sich in Abstufungen nach der Mitgliederzahl der angeschlossenen Vereine.

Da Verbände häufig hauptamtliche Geschäftsführer mit dem Tagesgeschäft beauftragen, ist großer Wert auf eine detaillierte Geschäftsverteilung sowie auf eine Geschäftsanweisung für Vorstand und Geschäftsführer zu legen.

2.5.2 Verein

2.5.2.1 Der mehrgliedrige Verein

Anders als beim Verband die Mitgliedsvereine, sind bei einem Spartenverein die Sparten nicht rechtlich selbstständig. Bei größeren Vereinen würde dies eine starke Belastung des Vorstands des Gesamtvereins bedeuten. Darum wird angestrebt, den Sparten eine weitgehende organisatorischer Selbstständigkeit zu zugestehen, die allerdings nur durch entsprechende Kompetenzen und Vollmachten mit Leben erfüllt werden kann.

Es empfiehlt sich, als weiteres Organ neben dem Vorstand den besonderen Vertreter in der Satzung festzuschreiben. Diese Funktion würde dann von den Leitern der Sparten ausgefüllt.

2.5.2.2 Der eingliedrige Verein

Auch bei dieser Organisationsform sollte schon bei der Gründung darüber nachgedacht werden, ob man an den Vorstand in seiner Gesamtheit über alle Geschäfte beschließen lässt (damit ist er auch in seiner Gesamtheit verantwortlich) oder ob man schon in der Satzung eine Ressortverteilung festschreibt. Dies ermöglicht eine weitgehend selbstständige Führung des Ressorts (z.B. Ressort Schatzmeister) mit einer eigenständigen Verantwortung des jeweiligen Amtsinhabers gegenüber der Mitgliederversammlung.

2.5.2.3 Der Förderverein

Ein Förderverein verbraucht seine Mittel nicht für eigenständige Vereinszwecke, sondern unterstützt andere Vereine oder gemeinnütziger Organisationen bei der Verwirklichung ihres Vereinszwecks. Das Tagesgeschäft ist von daher der geringere Teil der Arbeit. Von Bedeutung ist hier auf der einen Seite das Einsammeln der Fördermittel und auf der anderen Seite die sinnvolle Verwendung dieser Mittel. Beide Faktoren sollten sich in der Besetzung der Vereinsorgane niederschlagen. Bewährt hat sich zum Beispiel, für diese Aufgaben außerhalb des Tagesgeschäfts neben dem Vorstand ein Kuratorium zu installieren.

3 Wie funktioniert ein Verein

3.1 Die Aufbauorganisation

3.1.1 Vom Groben zum Detail

Die Aufbauorganisation gliedert die Gesamtaufgaben des Vereins in Einzelaufgaben. Eine durchdachte Aufbauorganisation des Vereins ordnet die Strukturen und Aufgaben und vermeidet Reibungsverluste. Schriftlich fixiert sollten sein:

- Aufbau der Organe und Gremien und ihre hierarchische Einordnung
- Aufgaben und deren Zuordnung
- Kommunikationsbeziehungen

3.1.2 Organe

3.1.2.1 Die Mitgliederversammlung

Das höchste Organ des Vereins ist die Mitgliederversammlung. Von den Teilnehmern wird lediglich - aber immerhin - verlangt, dass sie Mitglied des Vereins sind und sich damit zu den satzungsmäßigen Aufgaben und Zielen des Vereins bekennen. Das Stimmrecht der Jugendlichen ist jedoch häufig eingeschränkt. Die Aufgabe der Mitgliederversammlung ist sowohl Beschlüsse zu fassen als auch Kontrollpflichten wahrzunehmen. Eine zahlenmäßige Begrenzung der Teilnehmer an einer Mitgliederversammlung ist nicht möglich.

3.1.2.2 Der Vorstand

Der Vorstand ist der Mitgliederversammlung verantwortlich. Da in ihm sehr viele und wichtige Entscheidungen zu fällen sind, sollte im Interesse einer akzeptablen Entscheidungsgeschwindigkeit der Vorstand aus nicht mehr als 5 Mitgliedern bestehen. Neben einem überdurchschnittlichen Interesse für die Vereinsarbeit sollten bei Mitgliedern eines Vereinsvorstands Qualitäten in der Menschenführung und spezielles fachliches Wissen für das übernommene Ressort (Finanzen, Öffentlichkeitsarbeit) vorhanden sein oder die Bereitschaft bestehen, sich dieses Wissen anzueignen. Der Vorstand gemäß Satzung ist i.d.R. identisch mit dem Vorstand nach § 26 BGB. Dies muss aber nicht sein. Der Vorstand gemäß Satzung entscheidet. Der Vorstand nach § 26 BGB vertritt den Verein, d.h., er schließt z.b. die vom „Gesamt" Vorstand beschlossenen Verträge.

3.1.3 Weitere Gremien

3.1.3.1 Kassenprüfer

Die Kassenprüfer sind ebenfalls der Mitgliederversammlung verantwortlich und nicht etwa dem Vorstand. Je nach Umfang der satzungsmäßigen Anforderungen (fortlaufende Prüfung bzw. nur Prüfung des Jahresabschlusses) wird ihre Anzahl nicht höher als 4 sein. Neben einigen Vorkenntnissen in der Buchführung sollten sie vertraut sein mit den vereinsinternen Vorgängen. Idealerweise haben sie schon einmal im Vorstand des Vereins mitgearbeitet.

3.1.3.2 Der Ältesten- oder Ehrenrat

Die Aufgaben des Ältesten- oder Ehrenrats ergeben sich aus der Satzung oder der Geschäftsanweisung für den Ältestenrat. In der Regel ist es ein Gremium, das den Vorstand in Fragen der Traditionspflege berät und als Schlichtungsorgan bei Streitigkeiten zwischen Vorstand und Mitgliedern fungiert. In den Ältestenrat sollten Mitglieder berufen werden, die in der Vereinsarbeit erfahren sind und möglichst schon an verantwortlicher Stelle im Verein gearbeitet haben. Juristische Vorkenntnisse bei einem der Mitglieder sind von Vorteil.

3.1.3.3 Der Spartenvorstand

Die Gliederung des Vereins in Sparten ist insbesondere bei Sportvereinen anzutreffen. Der Spartenvorstand ist dem geschäftsführenden Vorstand verantwortlich. Da er die Verbindungsstelle von der Vereinsleitung zu den Aktiven ist, werden neben spartenspezifischem Wissen hohe Anforderungen an Menschenkenntnis und Menschenführung gestellt. Entscheidungen im Spartenvorstand betreffen häufig das Tagesgeschäft und dulden damit selten Aufschub. So sollte der engere Spartenvorstand auf maximal drei Mitglieder beschränkt sein.

3.1.4 Was ist zu tun und wer tut es?

Um die Aufgabenbeziehungen zu regeln, müssen die Aufgaben vollständig bekannt sein. Also gilt es, alle im Verein anfallenden Aufgaben zu erfassen. Dabei sollten Sie nicht zu sehr ins Detail gehen, sondern gleichartige oder artverwandte Aufgaben zusammenfassen.

Diese Aufgaben werden dann auf die Mitglieder Ihres Vereinsvorstands und/oder weitere Mitglieder verteilt. Dies geschieht selbstverständlich auf freiwilliger Basis. Achten Sie darauf, dass die Aufgaben vom Übernehmenden auch bewältigt werden können. Zum einen sollte die fachliche Qualifikation vorhanden sein oder aber, z.B. durch Lehrgänge, erworben werden können.

3.2 Die Ablauforganisation

3.2.1 Ein geregeltes Vereinsleben

Eine an den im Vereinsleben vorkommenden Regelfällen orientierte Ablauforganisation schafft die Voraussetzungen für die Umsetzung des Vereinszwecks. Zusammengehörende Aufgaben werden von derselben Person wahrgenommen. Arbeitsmittel (Musikinstrumente, Sportgeräte) werden optimal eingesetzt. Die richtige Information kommt an die richtige Stelle.

3.2.2 Schriftliche Unterlagen?

In jedem Verein gibt es ungeschriebene Gesetze und Regeln, ohne die ein geordnetes und erfolgreiches Miteinanderarbeiten nicht möglich wäre. Diese Regeln erreichen, wenn sie denn gut sind, dass der Aufwand an Sachmitteln und Zeit möglichst gering gehalten wird. Hat der Verein mehr als 100 Mitglieder oder mehrwertsteuerpflichtige Umsätze? Müssen die Aufgaben auf verschiedene Mitglieder verteilt werden? Besteht bei einem Wechsel in einer Funktion (Vorstand, Übungsleiter, Betreuer etc.) die Gefahr, dass feststehende Regeln nicht oder nur unzureichend weitergegeben werden? Dann sollten Sie daran denken, diese Regeln schriftlich zu fixieren.

3.2.3 Schriftliche Ablaufbeschreibungen

Wenn immer wieder vorkommenden Arbeitsabläufe schriftlich vorgegeben werden, erreicht man für den Verein einige bemerkenswerte Vorteile:

- Es muss nicht jedes Problem neu diskutiert und beschlossen werden.
- Alle Mitglieder wissen oder können zumindest wissen, welche Regelungen für welche Sachverhalte bestehen (z.B. Ehrungen, Ablauf von Sitzungen).
- Unnötiger Aufwand wird vermieden (Reisekosten, Fahrtkosten pro Person und nicht pro PKW).
- Die Kapazitätsauslastung wird gesteigert (Vor- und Nachrüstzeit bei Übungsräumen).
- Die Vereinsziele können besser umgesetzt werden.
- Bei einem Wechsel in einer Funktion erleichtern schriftliche Unterlagen dem Ausscheidenden und dem Neuen die Übergabe. Die Abhängigkeit von einzelnen Personen (die alles im Kopf haben) wird geringer.

3.2.4 Ein Informationssystem

Der meiste Ärger im Verein entsteht durch Missverständnisse. Dieser fühlt sich übergangen, jener wollte zu einer Problemlösung beitragen und bekam keine Gelegenheit. Häufig resultiert dieser Ärger aus der fehlenden und unzureichenden Kommunikation. Typisches Beispiel: In einer Vorstandssitzung wird der Termin einer Vereinsfahrt geändert; ein Spartenleiter war bei der Behandlung dieses Punktes noch nicht anwesend, das Protokoll wurde nicht rechtzeitig verteilt. In der Sparte wird weiterhin der falsche Termin als Basis für die Arbeitsplanung genommen.

Der Aufbau eines Kommunikationssystems ist daher wichtig, unabhängig von der Größe Ihres Vereins. Man sollte jedoch den Informationsbedarf und Informationsnutzen, aber auch den Informationsaufwand berücksichtigen.

4 Was ist im Verein zu tun

4.1 Stellenbeschreibungen

Sollte der Verein zur Bewältigung der gestellten Aufgaben mehr als zehn Mitarbeiter benötigen und ist mit einer normalen Fluktuation zu rechnen, können Stellenbeschreibungen manches Problem lösen helfen. Insbesondere sind Stellenbeschreibungen erforderlich, wenn für mehrere Übungsleiter Aufwandsentschädigungen oder Gehälter gezahlt werden, der Verein also als Arbeitgeber auftritt.

In einer Stellenbeschreibung (auch Pflichtenheft oder Positionsbeschreibung genannt) werden neben

der
- Bezeichnung der Stelle,
- die Aufgaben,
- die Kompetenzen,
- die hierarchische Einordnung mit Stellvertreter und Stellvertretung,
- eventuell die Mitarbeit in Gremien des Vereins und
- das Anforderungsprofil

zusammengefasst. Wird für diese Stelle eine Aufwandsentschädigung oder sogar ein Gehalt gezahlt, ist dies ebenfalls zu vermerken. Möchten Sie z.B. einen neuen Chorleiter für Ihren Gesangverein gewinnen, können Sie ihm schon im ersten Gespräch erschöpfend Auskunft zu den genannten Themen geben.

Die Zusammenfassung aller Stellen ist der Stellenplan Ihres Vereins, der übersichtlich aufzeigt
- wie viele ehrenamtliche und/oder hauptamtliche Mitarbeiter sie benötigen,
- wie viele Kosten im Jahr aus diesem Bereich auf den Verein zukommen,

- welche Anforderungen an die ehrenamtlichen Mitarbeiter gestellt werden müssen.

Im Übrigen ist solch ein Stellenplan auch eine gute Argumentationshilfe, wenn es darum geht Zuschüsse öffentlicher Stellen einzufordern oder Spenden bei den Unternehmen Ihres Einzugsgebietes zu erbitten. (Argument: Um unsere Arbeit mit den über 300 Kindern fortzusetzen, sind allein 15 Übungsleiter erforderlich, denen wir zumindest die Fahrtkosten erstatten wollen).

4.2 Muster Stellenbeschreibung

4.2.1 1.Vorsitzender

Bezeichnung der Stelle	1. Vorsitzender
Vorgesetzte Stelle - Fachlich	Vorstand
Vorgesetzte Stelle - Persönlich	Mitgliederversammlung
Nachgeordnete Stellen	Pressewart
Allgemeine Weisungsrechte	Gegenüber allen Mitgliedern auf Einhaltung der satzungsrechtlichen Vorschriften, Gegenüber den Vorstandsmitgliedern, dem Vorstand und der Mitgliederversammlung auf Einhaltung des rechtlichen und satzungsmäßigen Rahmens bei Beschlussvorlagen
Spezielle Weisungsrechte	Als Sitzungsleiter der Vorstandssitzungen und der Mitgliederversammlung, Ausübung des Hausrechts.
Wird vertreten durch	2. Vorsitzenden
Ist Vertreter von	2. Vorsitzenden

Geschäftsführungsaufgaben	Einladung zu Sitzungen, Vorbereitung der Tagesordnung, Protokoll, Überwachung der Umsetzung von Beschlüssen, Pflege der Vereinssatzung. Überwachung und Pflege der Vereinsgrundsätze, Erarbeitung von Konzepten zur Aufbau- und Ablauforganisation des Vereins
Mitglied der Gremien	Vorstand
Allgemeine Vollmachten	Vertretung des Vereins nach § 26 BGB zusammen mit einem weiteren Vorstandsmitglied
Kontovollmachten	Girokonto Nr.111 bei der Sparkasse, Girokonto Nr. 222 bei der Volksbank
Sonstige Vollmachten	Postschließfach
Kompetenzen	€ 500,-- Verwaltungskosten jährlich
Schlüssel in Verwahrung	Geschäftsstelle
Berichtet an	Vorstand
Erhält Protokolle von	Mitgliederversammlung, Vorstandssitzung, Abteilungsvorstandsitzungen
Verbandsgremien	keine
Vergütungen	500 € Ehrenamtspauschale p. a., 300 € monatlich (zu versteuern)

4.2.2   2. Vorsitzender

Bezeichnung der Stelle	2. Vorsitzender
Vorgesetzte Stelle - Fachlich	Vorstand
Vorgesetzte Stelle - Persönlich	Mitgliederversammlung
Nachgeordnete Stellen	Jugendwart
Allgemeine Weisungsrechte	Gegenüber allen Mitgliedern auf Einhaltung der satzungsrechtlichen Vorschriften
Spezielle Weisungsrechte	Ausübung des Hausrechts
Wird vertreten durch	1. Vorsitzenden
Ist Vertreter von	1. Vorsitzenden
Geschäftsführungsaufgaben	Betreuung von Sponsoren und Förderern. Marketingkonzepte, Durchführung von Aktionen, Aus- und Fortbildung der Übungsleiter. Sicherstellung der Anwendung aktueller Trainingsmethoden, Aus- und Fortbildung der ehrenamtlich tätigen Mitglieder (ohne Übungsleiter). Sicherstellung aktueller Kenntnisse in Vereinsführung, Recht und Steuern.
Mitglied der Gremien	Vorstand.
Allgemeine Vollmachten	Vertretung des Vereins nach § 26 BGB zusammen mit einem weiteren Vorstandsmitglied
Kontovollmachten	Girokonto Nr.111 bei der Sparkasse, Girokonto Nr. 222 bei der Volksbank
Sonstige Vollmachten	Postschließfach
Kompetenzen	€ 500,-- Verwaltungskosten jährlich

Schlüssel in Verwahrung	Geschäftsstelle
Berichtet an	Vorstand
Erhält Protokolle von	Mitgliederversammlung, Vorstandssitzung, Abteilungsvorstandsitzungen
Verbandsgremien	keine
Vergütungen	300 € Ehrenamtspauschale p.a.

4.2.3 Schatzmeister

Bezeichnung der Stelle	Schatzmeister
Vorgesetzte Stelle - Fachlich	Vorstand
Vorgesetzte Stelle - Persönlich	Mitgliederversammlung
Nachgeordnete Stellen	
Allgemeine Weisungsrechte	Gegenüber allen Mitgliedern auf Einhaltung der satzungsrechtlichen Vorschriften
Spezielle Weisungsrechte	Ausübung des Hausrechts. Allen Mitglieder in finanz- und steuerrechtlichen Angelegenheiten.
Wird vertreten durch	Mitgliederwart
Ist Vertreter von	Mitgliederwart

Geschäftsführungsaufgaben	Durchführung der Finanzbuchführung des Vereins incl. Jahresabschluss und Statistiken. Zahlung von Übungsleiterentschädigungen, Reisekosten etc. Sicherstellung der Beachtung steuerlicher Vorschriften in allen Bereichen des Vereins, Überprüfung und Aktualisierung der Versicherungen des Vereins, Aufnahme und Sicherstellung der mobilen und immobilen Vermögenswerte des Vereins. Durchführung der Inventur zur Erstellung des Jahresabschlusses
Mitglied der Gremien	Vorstand
Allgemeine Vollmachten	Vertretung des Vereins nach § 26 BGB zusammen mit einem weiteren Vorstandsmitglied
Kontovollmachten	Girokonto Nr.111 bei der Sparkasse, Girokonto Nr. 222 bei der Volksbank
Sonstige Vollmachten	Postschließfach
Kompetenzen	€ 500,-- Verwaltungskosten jährlich
Schlüssel in Verwahrung	Geschäftsstelle
Berichtet an	Gesamtvorstand
Erhält Protokolle von	Mitgliederversammlung, Vorstandssitzung, Sitzung Erweiterter Vorstand, Abteilungsvorstandsitzungen
Verbandsgremien	keine
Vergütungen	400 € pro Monat netto (Minijob)

4.2.4 Geschäftsführer

Bezeichnung der Stelle	Geschäftsführer
Vorgesetzte Stelle - Fachlich	Vorstand
Vorgesetzte Stelle - Persönlich	Mitgliederversammlung
Nachgeordnete Stellen	Mitarbeiterin der Geschäftsstelle
Allgemeine Weisungsrechte	Gegenüber allen Mitgliedern auf Einhaltung der satzungsrechtlichen Vorschriften
Spezielle Weisungsrechte	Ausübung des Hausrechts, allen Vereinsmitglieder in Sachen allgemeiner Vereinsverwaltung und Mitgliederverwaltung
Wird vertreten durch	Schatzmeister
Ist Vertreter von	Schatzmeister
Geschäftsführungsaufgaben	Durchführung von Maßnahmen und Veranstaltungen zur Verbesserung der Anbindung der Mitglieder an den Verein, Überwachung der Durchführung von Ehrungen im Rahmen der Ehrungsordnung, Ansprechpartner für neue Mitglieder. Einbinden neuer Mitglieder z.B. durch Veranstaltung von Info-Abenden, Verwaltung des Mitgliederbestandes. Beitragswesen. Bericht über den Mitgliederstand und dessen Entwicklung.
Mitglied der Gremien	Vorstand
Allgemeine Vollmachten	Vertretung des Vereins nach § 26 BGB zusammen mit einem weiteren Vorstandsmitglied
Kontovollmachten	Girokonto Nr.111 bei der Sparkasse, Girokonto Nr. 222 bei der Volksbank
Sonstige Vollmachten	Postschließfach

Kompetenzen	DM 500,-- Verwaltungskosten jährlich
Schlüssel in Verwahrung	Geschäftsstelle
Berichtet an	Gesamtvorstand
Erhält Protokolle von	Mitgliederversammlung, Vorstandssitzung, Sitzung Erweiterter Vorstand, Abteilungsvorstandsitzungen
Verbandsgremien	keine
Vergütungen	400 € netto im Monat (Minijob)

4.2.5 Jugendwart

Bezeichnung der Stelle	Jugendwart
Vorgesetzte Stelle - Fachlich	2. Vorsitzender
Vorgesetzte Stelle - Persönlich	Mitgliederversammlung
Nachgeordnete Stellen	Jugendwarte der Abteilungen
Allgemeine Weisungsrechte	Alle jugendlichen Vereinsmitglieder
Spezielle Weisungsrechte	Ausübung des Hausrechts, Allen Vereinsmitglieder in Sachen Jugendarbeit.
Wird vertreten durch	Pressewart
Ist Vertreter von	Pressewart

Jobmaschine Verein

Geschäftsführungsaufgaben	Sicherstellung einer angemessenen Jugendarbeit in allen Abteilungen, Abteilungsübergreifender Ansprechpartner für jugendliche Vereinsmitglieder, Abteilungsübergreifender Ansprechpartner für die Erziehungsberechtigten jugendlicher Vereinsmitglieder. Durchführung mindestens einer Jugendveranstaltung im Jahr sowie einer Weihnachtsfeier für Jugendliche
Mitglied der Gremien	Vorstand, Jugendvorstand
Allgemeine Vollmachten	Vertretung des Vereins gegenüber Jugendlichen Vereinsmitgliedern
Kontovollmachten	
Sonstige Vollmachten	Postschließfach
Kompetenzen	Bewirtungskosten für jugendliche bei Veranstaltungen: Max.10,-- € pro Tag und aktivem Jugendlichen max. € 2000,-- im Jahr
Schlüssel in Verwahrung	Geschäftsstelle, Übungsraum
Berichtet an	Gesamtvorstand
Erhält Protokolle von	Mitgliederversammlung, Vorstandssitzung, Sitzung Erweiterter Vorstand, Abteilungsvorstandsitzungen
Verbandsgremien	keine
Vergütungen	Übungsleiterentschädigung soweit steuerfrei möglich

4.2.6 Pressewart

Bezeichnung der Stelle	Pressewart
Vorgesetzte Stelle - Fachlich	1. Vorsitzender
Vorgesetzte Stelle - Persönlich	Mitgliederversammlung
Nachgeordnete Stellen	
Allgemeine Weisungsrechte	
Spezielle Weisungsrechte	Alle Vereinsmitglieder in Sachen Öffentlichkeitsarbeit
Wird vertreten durch	Jugendwart
Ist Vertreter von	Jugendwart
Geschäftsführungsaufgaben	Pressearbeit, Artikel verfassen über die Arbeit des Vorstands und des Gesamtvereins. Sicherstellung einer angemessenen Pressearbeit in den Abteilungen, Veranstaltungen im Rahmen der Öffentlichkeitsarbeit, Pflege des Veranstaltungskalenders. Pflege der Vereins-Homepage.
Mitglied der Gremien	Erweiterter Vorstand
Allgemeine Vollmachten	
Kontovollmachten	
Sonstige Vollmachten	Abgabe von Presseerklärungen für den Verein
Kompetenzen	
Schlüssel in Verwahrung	Geschäftsstelle, Schwarzes Brett

34

Berichtet an	Gesamtvorstand
Erhält Protokolle von	Mitgliederversammlung, Vorstandssitzung, Sitzung Erweiterter Vorstand, Abteilungsvorstandsitzungen
Verbandsgremien	Pressewart im Kreisverband
Vergütungen	500,-- € Ehrenamtspauschale

4.3 Aufgaben am Beispiel Sportverein

Die nachfolgende Tabelle (ohne Anspruch auf Vollständigkeit) zeigt, welche Aufgaben in einem mittelgroßen Sportverein anfallen.

Erläuterungen

Einladung zu Sitzungen, Vorbereitung der Tagesordnung, Protokoll, Überwachung der Umsetzung von Beschlüssen

Pflege der Vereinssatzung. Überwachung und Pflege der Vereinsgrundsätze

Erarbeitung von Konzepten zur Aufbau- und Ablauforganisation des Vereins

Durchführung von Maßnahmen und Veranstaltungen zur Verbesserung der Anbindung der Mitglieder an den Verein

Überwachung der Durchführung von Ehrungen im Rahmen der Ehrungsordnung

Ansprechpartner für neue Mitglieder. Einbinden

neuer Mitglieder z.B. durch Veranstaltung von
Info-Abenden.

Betreuung von Sponsoren und Förderern. Marke-
tingkonzepte, Durchführung von Aktionen

Verwaltung des Mitgliederbestandes. Beitragswe-
sen. Bericht über den Mitgliederstand und dessen
Entwicklung.

Durchführung der Finanzbuchführung des Vereins
incl. Jahresabschluss und Statistiken. Zahlung von
Übungsleiterentschädigungen, Reisekosten etc.

Sicherstellung der Beachtung steuerlicher Vorschriften in allen Bereichen des Vereins

Überprüfung und Aktualisierung der Versicherun-
gen des Vereins

Überprüfung der Zuschusslage öffentlicher Stellen

Sicherung der Durchführung des Wettkampf- und
Leistungssports in Zusammenarbeit mit den Abteilungen

Vergabe der Hallen-, Sportplatz- und Spielzeiten.
Überwachung der sportgerechten Nutzung.

Sportanlage: Ausübung des Hausrechts gegenüber
Nichtmitgliedern. Überwachung der Anlage, insbesondere in nutzungsfreien Zeiten.

Aufnahme und Sicherstellung der mobilen und
immobilen Vermögenswerte des Vereins. Durchführung der Inventur zur Erstellung des Jahresabschlusses

Organisation und Überwachung der den Mitgliedern vorgegebenen Arbeitsstunden

Sicherung der Durchführung und Entwicklung von
Initiativen im Freizeit- und Breitensport

Sicherstellung einer angemessenen Jugendarbeit in
allen Abteilungen

Abteilungsübergreifender Ansprechpartner für
jugendliche Vereinsmitglieder

Abteilungsübergreifender Ansprechpartner für die
Erziehungsberechtigten jugendlicher Vereinsmitglieder

Sicherstellung eines angemessenen Angebotes an
sportinteressierte Frauen

Pressearbeit, Artikel verfassen über die Arbeit des
Vorstands und des Gesamtvereins. Sicherstellung
einer angemessenen Pressearbeit in den Abteilungen

Veranstaltungen im Rahmen der Öffentlichkeitsarbeit, Organisation und Überwachung der Durchführung

Aus- und Fortbildung der Übungsleiter. Sicherstellung der Anwendung aktueller Trainingsmethoden

Aus- und Fortbildung der ehrenamtlich tätigen
Mitglieder (ohne Übungsleiter). Sicherstellung
aktueller Kenntnisse in Vereinsführung, Recht und
Steuern.

Sicherstellen eines angemessenen Internet-Auftritts

Sämtliche dieser Aufgaben wurden in diesem Verein bisher ehrenamtlich, dass heißt ohne jede Honorierung, sogar ohne Erstattung
tatsächlich angefallener Aufwendungen, erledigt.

Zu überlegen wäre jetzt, welche diese Aufgaben weiterhin ehrenamtlich bewältigt, für welche (pauschalierte) Aufwandsentschädigungen in Frage kommen und welche Tätigkeiten sogar (besser) hauptamtlich erledigt werden sollten.

5 Zuwendungen im Ehrenamt

5.1 Annehmlichkeiten

Der Grundsatz der Selbstlosigkeit bestimmt, dass der gemeinnützige Verein seinen Mitgliedern grundsätzlich nichts zuwenden darf. Ausnahmen sind die so genannten Annehmlichkeiten wie sie im Rahmen der Betreuung von Mitgliedern allgemein üblich und nach allgemeiner Verkehrsauffassung als angemessen anzusehen sind.

5.2 Persönliche Anlässe

Aufgrund eines persönlichen Ereignisses (Hochzeit, Geburtstag) darf das Vereinsmitglied Sachzuwendungen bis zu einem Wert von 40 € erhalten, und zwar für jedes persönliche Ereignis.

In Ausnahmefällen darf die 40 € - Grenze überschritten werden, z.B. wenn das Kranz- und Grabgebinde für ein verstorbenes Vereinsmitglied mehr als 40 € kostet.

5.3 Vereinsanlässe

Aufgrund besonderer Vereinsanlässe dürfen dem Vereinsmitglied neben evtl. Zuwendungen für persönliche Anlässe für sämtliche Vereinsanlässe im Jahr höchstens 40 € zugewendet werden. Besondere Vereinsanlässe sind z.B.

- die unentgeltliche Bewirtung auf der Mitgliederversammlung oder
- die Bezuschussung des Vereinsausflugs

insgesamt jedoch nur 40 € pro Jahr.

Die 40 € - Grenze darf bei Vereinsausflügen überschritten werden, wenn in Verbindung mit dem Vereinsausflug der Verein am Zielort gemeinnützig tätig ist. Wichtig dabei ist, dass die gemeinnützigen Zwecke überwiegen und die Erholung oder Geselligkeit so gut wie ausgeschlossen sind.

6 Aufwandsersatz

6.1 Vereinsrechtlicher Aufwandsersatz

6.1.1 Im Ehrenamt

Macht der Beauftragte (= Ehrenamt) zum Zwecke der Ausführung des Auftrags Aufwendungen, die er den Umständen nach für erforderlich halten durfte, so ist der Auftraggeber (= Verein) zum Ersatz dieser Aufwendungen verpflichtet.

6.1.2 Grundsätze zum Aufwandsersatz:

Aufwandsersatz ist ein zivilrechtlicher und kein steuerrechtlicher Begriff! Aufwandsersatz ist keine Aufwandsentschädigung, da damit nicht die Tätigkeit und die Arbeitsleistung als solche vergütet werden soll, sondern lediglich der materielle - tatsächlich angefallene - Aufwand.

6.1.3 Kein Verdienstausfall

Für Aufwendungen besteht zivilrechtlich ein Anspruch, der den Verein verpflichtet, dem Vorstand seine Aufwendungen zu ersetzen. Hierzu gehört grundsätzlich nicht ein eventueller Verdienstausfall oder eine Entschädigung für das "Freizeitopfer". Der im Auftrag und Interesse des Vereins tätige Vorstand kann sogar einen Vorschuss verlangen, wenn ihm die Mittel, die ihm zur Verfügung stehen, nicht ausreichen.

6.2   Steuerlicher Aufwandsersatz

6.2.1   Lohnsteuerpflichtiger Aufwandsersatz

- Zahlungen an Sportler für ihren Aufwand. Hierzu gehören sowohl die pauschalen Zahlungen von monatlich bis zu 400 € im Jahresdurchschnitt, als auch der über diese Pauschale hinausgehende und insgesamt einzeln nachzuweisende Aufwandsersatz; die Abgeltungen zum Kauf und zur Pflege von Sportkleidung sowie des Verpflegungsmehraufwandes bei Spielen und Trainingsveranstaltungen am Ort;
- die ersetzten Fahrtkosten für Fahrten zwischen Wohnung und Arbeitsstätte. Arbeitsstätte ist die Heimsportstätte (Sportplatz, Sporthalle). Falls der Fahrtkostenersatz nicht beim jeweiligen Sportler mitversteuert werden soll, kann der Verein den Erstattungsbetrag pauschal versteuern. Der Verein hat dann die pauschale Lohnsteuer von 15% einschließlich Solidaritätszuschlag und Kirchensteuer zu tragen. Die Pauschalversteuerung ist im Fall der Nutzung eines eigenen PKW auf einen Betrag von 0,30 € ab dem 21. Kilometer, maximal auf 4.500 €, (bis 31.12.2006 = 0,30 € pro Entfernungskilometer) beschränkt.

6.2.2   Lohnsteuerfreier Aufwandsersatz

- Der vom Verein gezahlte Aufwandsersatz an Sportler und Übungsleiter ist nicht lohnsteuerpflichtig, wenn die Vergütungen die mit der Tätigkeit zusammenhängenden Aufwendungen der Sportler und Übungsleiter nur unwesentlich, d.h. nicht mehr als 10%, übersteigen. Dann liegt kein Arbeitslohn vor.
- Zum lohnsteuerfreien Aufwandsersatz gehören u.a. Auslagen für Portokosten und Telefongebühren, soweit sie einzeln belegbar sind und für den Verein aufgewendet wurden.

- Aufwendungen für Dienstreisen in Höhe der Pauschbeträge für Fahrtkosten und Verpflegungsmehraufwendungen sowie in Höhe der nachgewiesenen Übernachtungskosten (ohne Frühstück).
- Einnahmen von nebenberuflichen Übungsleitern bis zur Höhe von 2.100 € jährlich.
- Fahrten zu Auswärtsspielen sind Dienstreisen.

6.2.3 Dienstreisen

Eine Dienstreise liegt vor, wenn der Arbeitnehmer vorübergehend außerhalb der Wohnung und der regelmäßigen Arbeitsstätte für den Verein tätig wird. Zu den Reisekosten gehören Fahrtkosten, Verpflegungsmehraufwendungen, Übernachtungskosten sowie die Reisenebenkosten (z.b. Aufwendungen für die Beförderung und die Aufbewahrung des Gepäcks, öffentliche Verkehrsmittel oder Taxi am Reiseort, Telefongebühren sowie Porto, Garagen- und Parkplatzkosten während der Dienstreise).

Die Erstattung dieser Aufwendungen durch den Arbeitgeber ist beim Arbeitnehmer steuerfrei. Zu beachten ist dabei, dass die Übernachtungskosten grundsätzlich nachgewiesen werden müssen. Bei einer Übernachtung im Inland kann der Verein auch einen Pauschbetrag von 20 € steuerfrei zahlen. Jedoch werden Verpflegungsmehraufwendungen und Fahrtkosten nur in Höhe der folgenden Pauschbeträge steuerfrei belassen:

a) Fahrtkosten bei Benutzung eines privaten Fahrzeugs Kraftwagen 0,30 €, Motorrad/Motorroller 0,13 €, Moped/Mofa 0,08 €, Fahrrad 0,05 € pauschal für den gefahrenen Kilometer

b) Verpflegungsmehraufwand bei

Abwesenheit bei Inlandsreisen von 24 Stunden 24 €

weniger als 24 Stunden aber mind. 14 Stunden 12 €

weniger als 14 Stunden aber mind. 8 Stunden 6 €

Werden mehrere Dienstreisen an einem Kalendertag durchgeführt, sind die Abwesenheitszeiten an diesem Kalendertag zusammenzurechnen.

c) Übernachtungskosten in der tatsächlichen Höhe

Für Unterbringungskosten können, außer bei Auslandsreisen, keine Pauschbeträge gewährt werden. Wird der Preis für das Frühstück, Mittag- oder Abendessen nicht gesondert ausgewiesen, ist der Gesamtpreis bei einer Übernachtung im Inland

- für Frühstück um 20%

- für Mittag und Abendessen um jeweils 40%

zu kürzen.

7 Aufwandsentschädigungen

7.1 Übungsleiterpauschale

7.1.1.1 Voraussetzungen

Um die sog. "Übungsleiterpauschale" nach § 3 Nr. 26 EStG in Anspruch nehmen zu können, müssen gleichzeitig die folgenden vier Voraussetzungen erfüllt sein:

- Es muss eine begünstigte Tätigkeit ausgeübt werden,
- die Tätigkeit muss nebenberuflich ausgeübt werden,
- die Tätigkeit muss im Dienst oder Auftrag einer öffentlich-rechtlichen oder gemeinnützigen Körperschaft erbracht werden,
- die Tätigkeit muss der Förderung gemeinnütziger, mildtätiger oder kirchlicher Zwecke dienen. Eine Tätigkeit in einem steuerpflichtigen wirtschaftlichen Geschäftsbetrieb eines Vereins erfüllt dagegen nicht das Merkmal der Förderung gemeinnütziger Zwecke.

7.1.1.2 Begünstigte Tätigkeit

Begünstigte Tätigkeiten sind

- Übungsleiter oder Trainer
- Betreuer, wenn er einen direkten pädagogischen Kontakt zu den betreuten Menschen hat (Mannschaftsbetreuer, Jugendleiter)
- Ausbilder/in, Erzieher/in oder vergleichbare Tätigkeiten (z. B. die Lehr- und Vortragstätigkeit im Rahmen der allgemeinen Bildung und Ausbildung wie das Geben von Kursen, das Halten von Vorträgen oder das Erteilen von Schwimmunterricht)

Grundvoraussetzung für die Begünstigung ist immer eine pädagogische Ausrichtung der Tätigkeit. Nicht unter § 3 Nr. 26 EStG fallen deshalb die Tätigkeiten z. B. als Platzwart, Gerätewart, Kassierer, Vorstandsmitglied, Reinigungskraft oder Hausmeister.

7.1.1.3 Nebenberuflichkeit

Eine Tätigkeit gilt als nebenberuflich, wenn sie nicht mehr als ein Drittel der Arbeitszeit eines vergleichbaren Vollzeiterwerbs in Anspruch nimmt. Es können deshalb auch Personen nebenberuflich tätig sein, die überhaupt keinen Hauptberuf im steuerrechtlichen Sinne ausüben, z. B. Studenten oder Rentner.

Übt jemand mehrere verschiedenartige Tätigkeiten gem. § 3 Nr. 26 EStG aus, ist die Nebenberuflichkeit für jede Tätigkeit getrennt zu beurteilen. Mehrere gleichartige Tätigkeiten werden aber zusammengefasst. Eine Tätigkeit wird auch nicht nebenberuflich ausgeübt, wenn sie als Teil der Haupttätigkeit anzusehen ist. Bei schwankender wöchentlicher Arbeitszeit oder wenn die Tätigkeit nur einige Wochen oder Monate dauert, wird die erreichte Stundenzahl auf das gesamte Kalenderjahr bezogen.

7.1.1.4 Höhe des Freibetrages

Die Steuer- und Sozialversicherungsfreiheit ist - auch bei Einnahmen aus mehreren nebenberuflichen Tätigkeiten, z. B. für verschiedene Vereine und bei Nachzahlungen für eine in mehreren Jahren ausgeübte Tätigkeit - insgesamt auf einen Betrag von 2.100 € pro Kalenderjahr begrenzt. Eine zeitanteilige Aufteilung des Jahres-Freibetrages ist nicht erforderlich; d. h. auch dann, wenn die Tätigkeit nur während eines Teils des Jahres ausgeübt wird, hat man trotzdem Anspruch auf den vollen Jahres-Freibetrag.

In den Betrag von 2.100 € sind alle steuerpflichtigen Zuwendungen und geldwerten Vorteile einzurechnen, die der Übungsleiter bzw. Betreuer im Zusammenhang mit der Tätigkeit vom Verein erhält. Ein höherer Betrag als 2.100 €/Kalenderjahr kann grundsätzlich nur dann steuer- und sozialversicherungsfrei ausgezahlt werden, wenn ein entsprechender steuerlich berücksichtigungsfähiger Aufwand in voller Höhe konkret nachgewiesen wird.

7.1.1.5 Weitere Zahlungen

Unter folgenden Voraussetzungen ist jedoch - neben dem Freibetrag von 2.100 €/Kalenderjahr - ein zusätzlicher Fahrtkostenzuschuss für Fahrten zwischen Wohnung und Trainingsstätte möglich:

Der Fahrtkostenzuschuss muss ausdrücklich zusätzlich zum ohnehin geschuldeten Entgelt vereinbart sein. Die Höhe des Fahrtkostenzuschusses darf beim Pkw die steuerliche Entfernungspauschale (0,30 € pro Entfernungs-km ab dem 21. km, d.h. einfache Wegstrecken-Entfernung zwischen Wohnung und Trainingsstätte abzüglich 20 km) bzw. bei der Benutzung öffentlicher Verkehrsmittel die tatsächlich nachgewiesenen Kosten nicht übersteigen. Der Verein muss für den Fahrtkostenzuschuss 15 % pauschale Lohnsteuer (gem. § 40 Abs. 2 Satz 2 EStG) an das Finanzamt abführen.

7.2 Ehrenamtspauschale

Mit dem »Gesetz zur weiteren Stärkung des bürgerschaftlichen Engagements« zum 01.01.2007 wurde ein Freibetrag für alle ehrenamtlichen Tätigkeiten eingeführt, eine steuerfreie (pauschale) Aufwandsentschädigung bis zur Höhe von 500 € im Jahr eingeführt (§ 3 Nr. 26a EStG).

Für die steuerliche Bewertung und Behandlung gelten die gleichen Regelungen wie für den Übungsleiterfreibetrag, allerdings gibt es hier keine Beschränkung auf bestimmte Tätigkeitsfelder.

Um den Freibetrag in Anspruch nehmen zu können, darf zum einen die Tätigkeit nur nebenberuflich, also mit nicht mehr als einem Drittel der üblichen Arbeitszeit ausgeübt werden und nicht der hauptberuflichen Tätigkeit entsprechen. Zum anderen muss der Auftraggeber eine öffentliche Körperschaft, eine religiöse oder gemeinnützige Organisation sein. Der Ehrenamtsfreibetrag in Höhe von 500 € kann nur in Anspruch genommen werden, wenn tatsächlich Geld fließt, d. h. ausbezahlt wird. Die Ehrenamtspauschale darf für die gleiche Tätigkeit nicht neben der Übungsleiterpauschale gezahlt werden.

7.3 256 € Vereinfachungsregelung

7.3.1 Freigrenze

Zur Beurteilung der Frage, ob bei einer ehrenamtlichen Tätigkeit die "Einkunftserzielungsabsicht" gegeben und die Tätigkeit damit grundsätzlich einkommensteuerpflichtig ist, hat die Finanzverwaltung eine wichtige Vereinfachungsregelung erlassen (z.B. Erlass des Finanzministeriums Nordrhein-Westfalen vom 03.03.2000).

Danach führt Aufwendungsersatz an ehrenamtlich Tätige, der über die als Betriebsausgaben/Werbungskosten abziehbaren Beträge hinaus geleistet wird, nicht zu steuerpflichtigen Einkünften, wenn er im Kalenderjahr unter dem Betrag von 256 € bleibt. Hierbei handelt es sich um eine Freigrenze.

7.3.2 Überschuss ermitteln

Wird daher im Kalenderjahr Aufwendungsersatz – gegebenenfalls mit weiteren Vergütungen – über die als Betriebsausgaben oder Werbungskosten abziehbaren Beträge hinaus von mindestens 256 € gewährt, dann ist der gesamte Betrag steuerpflichtig. Das bedeutet aber zugleich, dass der Steuerpflichtige auch keine "Verluste" steuerlich absetzen darf, wenn in einzelnen Jahren seine tatsächlichen Ausgaben die Einnahmen übersteigen sollten.

Bei Anwendung dieser Vereinfachungsregelung darf der Aufwendungsersatz nicht ohne weiteres den gesamten tatsächlich entstandenen Aufwendungen des ehrenamtlich Tätigen gegenübergestellt werden. Eine Überschusserzielungsabsicht ist nur dann zu verneinen, wenn der gewährte Aufwendungsersatz die Aufwendungen des ehrenamtlich Tätigen nur ganz unwesentlich überschreitet, die bei Vorliegen einer Einkunftsart ansonsten als Werbungskosten/Betriebsausgaben steuerlich abgezogen werden könnten. Hierbei sind auch für ehrenamtlich Tätige die allgemeinen steuerlichen Abzugsbeschränkungen zu beachten.

7.3.3 Wenn sonst nichts geht

Nach der Einführung der neuen Steuerbefreiung nach § 3 Nr. 26a EStG für allgemeine ehrenamtliche Tätigkeiten bis zur Höhe von 500 € im Jahr hat diese Regelung jedoch an Bedeutung verloren. Aber zum Beispiel Amateur-Fußballer können nicht die Übungsleiterpauschale in Anspruch nehmen und fallen auch nicht unter den Ehrenamtsfreibetrag. Für sie ist die 256 € Freigrenze nach wie vor eine steuerliche Erleichterung.

Amateur-Fußballspieler Fritz Walter erhält für 30 Einsätze jeweils 12 € pro Einsatz Aufwandsentschädigung, pro Jahr also 306 €. Fahrtkosten entstehen ihm in Höhe von 120 €. Mit einem Überschuss von 240 € bleibt er damit unter der Freigrenze von 256 € und zahlt für die Aufwandsentschädigung keine Steuern.

8 Nebenbeschäftigung im Verein

8.1 Rentner

8.1.1 Über 65

Bei Rentnern, denen Sie im Verein eine Arbeit anbieten wollen, müssen Sie folgendes wissen: Grundsätzlich können nur Ruheständler über 65 Jahren unbegrenzt dazuverdienen - so viel sie können oder wollen. Das Zubrot - ob als Mini-Job oder sozialversicherungspflichtiges Einkommen - schmälert nicht die Höhe der eigenen gesetzlichen Rente. Die Nebenbeschäftigung muss auch nicht dem Rentenversicherungsträger gemeldet werden.

8.1.2 Jünger als 65

Wer jünger ist als 65, muss dagegen aufpassen. Kritisch wird's immer dann, wenn es um vorgezogene Renten geht. Rentner können ab 2008 mehr zu ihrer Rente hinzuverdienen. Die Neuregelung tritt rückwirkend zum 1. Januar 2008 in Kraft.

Von der Gesetzesänderung betroffen sind Erwerbsminderungsrentner und Altersrentner vor dem 65. Geburtstag. Sie können nach der Gesetzesänderung bis zu 400 € zu ihrer Rente hinzuverdienen, ohne Abstriche bei ihrer Rente hinnehmen zu müssen. Bisher lag diese Grenze bei 355 €.

Das Limit darf in zwei Monaten im Jahr allerdings verdoppelt werden. Damit sind problemlos Sonderzahlungen wie Urlaubs- oder Weihnachtsgeld abgedeckt. Die Altersrente wird dann wie immer voll weitergezahlt.

Wer nur ein wenig mehr verdient, muss dagegen bereits kräftige Abstriche bei seiner Rente in Kauf nehmen.

8.1.3 Frührentner

Auch Frührentner, die aus gesundheitlichen Gründen ihren Beruf aufgeben mussten und deswegen eine so genannte Erwerbsminderungsrente bekommen, dürfen in einem bestimmten Rahmen Geld dazuverdienen. Die Regelungen sind in diesem Bereich recht komplex.

Betroffene sollten sich von ihrem Rentenversicherer auf den Cent genau ausrechnen lassen, wie viel sie in diesem persönlichen Einzelfall dazuverdienen dürfen. Bei Rentnern mit voller Erwerbsminderung wird angenommen, dass sie nur noch weniger als drei Stunden am Tag arbeiten können. Auch in solchen Fällen ist professioneller Rat sehr wichtig, um keine Einbußen zu erleiden.

8.2 Studenten und Schüler

8.2.1 Keine Sonderregelung

Studenten und Schüler werden steuerrechtlich wie andere Arbeitnehmer behandelt. Sie haben keinen Sonderstatus. So benötigen sie für nicht-selbständige Arbeit ebenfalls eine Lohnsteuerkarte. Das Jobben auf Steuerkarte ist für Studenten meist günstiger als ein Mini-Job, da Steuerfreibeträge durch den Verdienst selten überschritten werden.

8.2.2 Steuerfreibeträge nutzen

Das bedeutet: Wer über das Jahr gerechnet nicht mehr als den Steuerfreibetrag zzgl. Werbungskosten und Sonderausgaben verdient (ca. 7500 - 8500 € je nach Abzugsmöglichkeiten), zahlt keine Steuern oder erhält sämtliche einbehaltene Steuer in voller Höhe zurück. Dazu muss allerdings am Jahresende eine Einkommenssteuererklärung beim Finanzamt gemacht werden. Ist der Studierende allein erziehend oder verheiratet mit oder ohne Kind, erhöht sich der Betrag entsprechend.

8.2.3 Lohnsteuerjahresausgleich bringt das Geld zurück

Bei einem zusätzlichen Job muss eine zweite Lohnsteuerkarte beantragt werden. Hier sind die Abzüge zwar erst einmal höher, doch bekommt man das eventuell über den Lohnsteuerjahresausgleich zurück. Wie viel Lohnsteuer durch den Arbeitgeber abgeführt wurde, kann der Lohnsteuerkarte entnommen werden, die dem Arbeitnehmer am Ende des Jahres ausgehändigt wird. Alle steuerrechtlichen Vergünstigungen wie Werbungskosten oder Sonderausgaben gelten auch für Studenten. In den meisten Fällen ist es für sie günstiger auf

Lohnsteuerkarte zu arbeiten, als Rechnungen zu stellen oder mit einem Gewerbeschein zu jobben.

8.2.4 BAföG-Leistungen

Wer BAföG-Leistungen bezieht sollte beachten, dass über z.zt. 4206 € Brutto-Erwerbseinkommen pro Jahres-Bewilligungszeitraum eine Anrechnung auf die Leistungen zu erwarten ist. Die Grenze gilt für Alleinstehende ohne sonstige besondere Einkommen (z. B. Waisenrente).

8.3 Praktikanten

8.3.1 Eine Alternative

Praktikanten sind in der Regel froh über eine gute Stelle bei der sie Berufspraxis bekommen. Entweder weil sie das Praktikum für ihr Studium brauchen oder weil sie auf eine anschließende Festanstellung hoffen. Die Arbeit in einem Verein ist für Viele dabei besonders interessant, da sie Einblick in den immer wichtiger werdenden Bereich der Non-Profit Organisationen (NPO) bekommen.

8.3.2 Was ist ein Praktikum

Innerhalb der Personalwirtschaft wird mit einem Praktikum eine Tätigkeit bezeichnet, die im Rahmen der beruflichen Ausbildung (auch Studium) praktische Erfahrungen im künftigen Beruf vermitteln soll. In der Berufsorientierung in der Schule, die im Rahmen des Faches Arbeitslehre eingeordnet ist, sollen Betriebspraktika, möglichst in der Kombination mit Betriebserkundungen, den Schülern in zwei- bis vierwöchigen Betriebstätigkeiten helfen, ihren Berufswunsch praktisch zu erfahren und zu kontrollieren und ggf. eine Korrektur des Berufswunsches vorzunehmen. Das Bundesarbeitsgericht kam in einer Entscheidung vom 13. März 2003 (6 AZR 564/01) zu dem Schluss: "Praktikant ist, wer sich für eine vorübergehende Dauer zwecks Erwerb praktischer Kenntnisse und

Erfahrungen einer bestimmten betrieblichen Tätigkeit und Ausbildung, die keine systematische Berufsausbildung darstellt, im Rahmen einer Gesamtausbildung unterzieht, weil er diese für die Zulassung zum Studium oder Beruf, zu einer Prüfung oder anderen Zwecken benötigt."

8.3.3 Praktikum im Verein

Ein Praktikum kann im Rahmen eines Betriebspraktikums auch bei einem Verein stattfinden, wenn dieser entsprechende Strukturen aufweist. In Hochschulen kann dies auch im Rahmen eines Kurses der Fall sein. Praktika sind auch Bestandteil einer von der Bundesagentur für Arbeit angebotenen Förderung der beruflichen Weiterbildung.

8.3.4 Vergütung

Generell gibt es bei Praktika im Öffentlichen Dienst und bei Vereinen/Initiativen im sozialen Bereich tendenziell eher keine Bezahlung. Arbeitsbedingungen und Vergütung gestaltet man jedoch besser mit Vernunft und Fairness.

Das hessische Landesarbeitsgericht hat dabei im Jahr 1999 festgestellt, dass Praktikanten, die unter das Berufsbildungsgesetz (BBiG) fallen, grundsätzlich einen Anspruch auf angemessene Bezahlung haben. Das Berufsbildungsgesetz gilt für alle, die ihr Praktikum nicht im Rahmen einer Ausbildung (Studium) absolvieren.

Wenn der Praktikant Arbeiten verrichtet, die berufstypisch für eine reguläre Fachkraft gelten, hat sich die Entlohnung an den verkehrsüblichen Gehältern zu orientieren. Oft bemisst sie sich nach dem Lebensalter des Praktikanten.

Praktikanten, die Unterhaltssicherungsleistungen der Arbeitsagentur erhalten, haben während eines Betriebspraktikums im Rahmen von öffentlich finanzierten Umschulungs- und Fortbildungsmaßnahmen keinen gesonderten Anspruch auf eine Vergütung, da der Lebensunterhalt für ihre berufliche Bildung bereits finanziert wird.

Grundsätzlich ist bei Praktika eine "normale" Vergütung auf stündlicher, wöchentlicher oder monatlicher Basis denkbar, die jedoch auch als Aufwandsentschädigung bezahlt wird

8.3.5 Sozialversicherungspflicht

In Deutschland sind Praktikanten in der Regel - unabhängig von der Höhe des Entgelts - sozialversicherungsbefreit, wenn sie ein Praktikum gemäß Studien- oder Prüfungsordnung ableisten und sie während des Praktikums an einer ordentlichen Hochschule oder Fachhochschule eingeschrieben sind.

Ein Praktikum ist sozialversicherungspflichtig, wenn es die Studien- und Prüfungsordnung der Hochschule nicht abdeckt. Alle anderen Praktikanten sind sozialversicherungspflichtig, wenn das monatliche Entgelt die Geringfügigkeitsgrenze übersteigt.

8.3.6 Jugendarbeitsschutzgesetz

8.3.6.1 Kind oder Jugendlicher

Bei Schülern, die noch nicht 18 Jahre alt sind, muss das Jugendarbeitsschutzgesetz (JArbSchG) berücksichtigt werden. Dazu eine Zusammenfassung:

Das Gesetz unterscheidet zwischen Kindern (bis 15 Jahre) und Jugendlichen (15 bis 18 Jahre). Nach dem Gesetzt sind aber auch "Jugendliche", die zur (Pflicht-)Schule gehen, noch "Kinder".

8.3.6.2 "Kinder" (bis 15 Jahre)

Wer noch nicht 13 Jahre alt ist, darf im Verein gar nicht arbeiten. Erst ab dem 13. Lebensjahr ist das mit Zustimmung der gesetzlichen Vertreter möglich. Die Arbeit darf weder die Gesundheit gefährden noch den Schulbesuch behindern. Die Arbeitszeit ist auf zwei Stunden täglich begrenzt. Sie darf weder vor dem Schulunterricht noch nach 18 Uhr liegen und natürlich auch nicht während der Schulzeit. In den Schulferien gibt es hiervon keine Ausnahme.

8.3.6.3 "Jugendliche" (15 bis 18 Jahre).

Für Jugendliche, die Arbeiten wollen, sind die Einschränkungen nicht ganz so krass. Jugendliche dürfen bis zu 8 Stunden täglich und in der Woche maximal 40 Stunden arbeiten. Allerdings aufpassen: Wenn man zwar vom Alter her "Jugendlicher" ist, aber noch zur Schule gehen musst (Schulpflicht!), gilt grundsätzlich der Abschnitt "Kinder" – allerdings mit der Ausnahme, dass pro Jahr 4 Wochen in den Schulferien gearbeitet werden darf.

Sonst gilt für Jugendliche, dass sie nur zwischen 6 Uhr morgens und 20 Uhr abends beschäftigt werden dürfen. Ab 16 darf man im Gaststättengewerbe bis 22 Uhr und in mehrschichtigen Betrieben bis 23 Uhr arbeiten.

8.3.6.4 Generelle Verbote

Samstags und sonntags gilt generell ein Arbeitsverbot. Ausnahmen sind aber möglich an Samstagen z.B. in Krankenhäusern, in der Vereinsgaststätte und beim Sport. An Sonntagen ist per Gesetz eigentlich nur die Arbeit im Gaststättengewerbe und in Krankenhäusern als Ausnahme zu nennen.

Jugendliche dürfen nicht in Bereichen arbeiten, die gefährlich sind. Darunter fallen sittliche Gefahren (!), Lärm, gefährliche Stoffe, außergewöhnliche Hitze oder Kälte oder generell Arbeiten, die mit Unfallgefahren verbunden sind, denen sich Jugendliche nicht bewusst sind oder diese nicht einschätzen können.

8.4 Kurzfristige Beschäftigung

8.4.1 Pauschaler Steuersatz

Wird ein Arbeitnehmer nur kurzfristig und nicht regelmäßig wieder-
kehrend beschäftigt, kann die Lohnsteuer mit einen pauschalen Steuersatz von 25% ermittelt werden. Zu der Pauschsteuer von 25%
kommen 7% der pauschalen Lohnsteuer als Kirchensteuer sowie
5,5% der pauschalen Lohnsteuer als Solidaritätszuschlag hinzu. Von
der Erhebung der Kirchensteuer kann abgesehen werden, wenn der
Arbeitnehmer nicht einer Kirchensteuer erhebenden Kirche angehört.
Eine Lohnsteuerkarte wird nicht benötigt, wenn der Arbeitgeber die
pauschale Steuer übernimmt.

8.4.2 Voraussetzungen

Die Lohnsteuer kann pauschal erhoben werden, wenn die Beschäftigung nicht mehr als 18 zusammenhängende Tage dauert und der
Arbeitslohn 62 € durchschnittlich je Beschäftigungstag nicht übersteigt oder die Beschäftigung zu einem unvorhersehbaren Zeitpunkt
sofort erforderlich wird. Der durchschnittliche Stundenlohn darf 12 €
nicht übersteigen.

8.4.3 Keine Einkommensteuererklärung

Eine Verpflichtung zur Abgabe einer Einkommensteuererklärung
besteht grundsätzlich nicht. Bei pauschaler Versteuerung des Ar-
beitslohns bleibt dieser bei der Veranlagung zur Einkommensteuer
außer Ansatz.

8.4.4 Keine Werbungskosten

Eine Minderung der pauschalen Lohnsteuer durch Werbungskosten-
oder Sonderausgabenabzug bei der Einkommensteuerveranlagung ist
nicht möglich.

9 Geringfügige Beschäftigung

9.1 Drei Arten

Das Sozialgesetzbuch unterscheidet zwischen drei Arten von Minijobs:
- Geringfügig entlohnte Minijobs,
- Minijobs in Privathaushalten (Hier nicht behandelt!),
- kurzfristige Minijobs.

Minijobs sind geringfügig entlohnt, wenn der monatliche Verdienst die Höchstgrenze von 400 € nicht überschreitet. Ein kurzfristiger Minijob liegt vor, wenn die Beschäftigung in einem Kalenderjahr auf zwei Monate oder insgesamt 50 Arbeitstage befristet ist. Als Arbeitgeber zahlen Sie für geringfügig entlohnte Beschäftigte Pauschalbeiträge zur Renten- und Krankenversicherung sowie eine einheitliche Pauschsteuer.

Alle drei Minijobs sind für die Arbeitnehmer sozialversicherungsfrei.

9.2 Kurzfristige Minijobs

Bei kurzfristigen Minijobs sind in der Regel keine Pauschalabgaben zu leisten. Ist eine kurzfristige Beschäftigung auf eine Dauer von mehr als vier Wochen angelegt, sind vom Arbeitgeber Umlagen zum Ausgleich der Arbeitgeberaufwendungen bei Krankheit und Mutterschaft an die Minijob-Zentrale zu zahlen.

9.3 Geringfügig entlohnte Beschäftigung

9.3.1 Pauschalbeiträge

Für geringfügig entlohnte Minijobs zahlen Arbeitgeber Pauschalbeiträge in Höhe von maximal 30,1 Prozent des Verdienstes. Das sind neben 15 Prozent zur Renten- und 13 Prozent zur Krankenversicherung noch die einheitliche Pauschsteuer von zwei Prozent (sofern nicht per Lohnsteuerkarte abgerechnet wird) sowie 0,1 Prozent Umlagen zum Ausgleich der Arbeitgeberaufwendungen bei Krankheit und Mutterschaft. Für Minijobber, die privat oder gar nicht krankenversichert sind, zahlen Arbeitgeber keinen Pauschalbeitrag zur Krankenversicherung.

9.3.2 Mehrere 400-Euro-Minijobs ohne versicherungspflichtige Hauptbeschäftigung

Hat ein Arbeitnehmer, der keiner versicherungspflichtigen Hauptbeschäftigung nachgeht, mehrere 400-Euro-Minijobs bei verschiedenen Arbeitgebern nebeneinander, sind die Arbeitsentgelte aus diesen Beschäftigungen zusammenzurechnen (nicht zu berücksichtigen sind Arbeitsentgelte aus kurzfristigen Beschäftigungen). Wird bei Zusammenrechnung mehrerer 400-Euro-Minijobs die monatliche Grenze von 400 € überschritten, so handelt es sich nicht mehr um versicherungsfreie Minijobs. Vielmehr sind diese versicherungspflichtig bei der zuständigen Krankenkasse zu melden.

9.3.3 400-Euro-Minijobs neben versicherungspflichtiger Hauptbeschäftigung

Arbeitnehmer, die bereits einer versicherungspflichtigen Hauptbeschäftigung nachgehen, können daneben nur einen sozialversicherungsfreien 400-Euro-Minijob ausüben. Der zweite und jeder weitere 400-Euro-Minijob wird aber mit der Hauptbeschäftigung zusammengerechnet und ist in der Regel versicherungspflichtig in der Renten-, Kranken- und Pflegeversicherung. Lediglich Arbeitslosenversicherungsbeiträge müssen für diese Beschäftigungen nicht gezahlt werden. Ausgenommen von der Zusammenrechnung mit der versicherungspflichtigen Beschäftigung wird stets der zeitlich zuerst aufgenommene Minijob.

Nicht zusammengerechnet werden Einkünfte aus 400-€-Minijobs und Einkünfte, die neben den 400-€-Minijobs aus Wehrdienst, Zivildienst, während einer Elternzeit oder aufgrund von Arbeitslosigkeit von der Agentur für Arbeit bezogen werden. In diesen Fällen bleiben die Minijobs sozialversicherungsfrei, sofern das Arbeitsentgelt aus allen Minijobs zusammen nicht mehr als 400 € beträgt.

9.3.4 Regelmäßiges monatliches Arbeitsentgelt

Bei der Prüfung, ob die für 400-Euro-Minijobs vorgesehene Verdienstgrenze von 400 € im Monat überschritten wird, ist vom regelmäßigen monatlichen Arbeitsentgelt auszugehen. Dem regelmäßigen monatlichen Arbeitsverdienst sind auch einmalige Einnahmen hinzuzurechnen, die mit hinreichender Sicherheit mindestens einmal jährlich gezahlt werden, wie zum Beispiel das Weihnachtsgeld oder Urlaubsgeld. Wer also 400 € monatlich verdient, daneben aber noch ein Urlaubs- oder Weihnachtsgeld erhält, ist nicht mehr geringfügig beschäftigt.

9.3.5 Verzicht auf Einmalzahlung

Seitens des Minijobbers besteht allerdings die Möglichkeit, auf die Zahlung einer einmaligen Einnahme im Voraus schriftlich zu verzichten. In diesem Fall ist - ungeachtet der arbeitsrechtlichen Zulässigkeit eines solchen Verzichts - die einmalige Einnahme bei der Ermittlung des regelmäßigen Arbeitsentgelts nicht zu berücksichtigen.

Bei der Feststellung des regelmäßigen monatlichen Arbeitsentgelts ist auch die Zahlung von schwankendem Arbeitsentgelt zu beachten. Wenn z.B. ein Minijobber im Rahmen eines Dauerarbeitsverhältnisses saisonbedingt unterschiedliche Arbeitsentgelte erzielt, so ist der regelmäßige Betrag nach denselben Grundsätzen wie für die Schätzung des Jahresarbeitsentgelts in der Krankenversicherung bei schwankenden Bezügen zu ermitteln.

9.3.6 Übungsleiterentschädigung bleibt unberücksichtig

Nicht zum regelmäßigen Arbeitsentgelt gehören einmalige Einnahmen, laufende Zulagen, Zuschläge, Zuschüsse sowie ähnliche Einnahmen, die zusätzlich zum Arbeitsentgelt gezahlt werden, soweit sie steuerfrei sind. Insbesondere zu erwähnen sind hier steuerfreie Aufwandsentschädigungen bis zu 2100 € im Kalenderjahr.

Hierunter fallen zum Beispiel Einnahmen aus nebenberuflichen Tätigkeiten als Übungsleiter in Sportvereinen, als Ausbilder, Erzieher, Betreuer oder vergleichbaren Tätigkeiten sowie die Pflege alter, kranker oder behinderter Menschen.

Der steuerliche Freibetrag ist für die Ermittlung des Arbeitsentgelts in der Sozialversicherung in gleicher Weise zu berücksichtigen wie im Steuerrecht. Der steuerfreie Jahresbetrag von 2.100 € kann anteilig (z.b. monatlich mit 175 €) oder einmalig (z.b. jeweils zum Jahresbeginn bzw. zu Beginn der Beschäftigung) angesetzt werden. Die darüber hinaus vom Arbeitgeber geleisteten Zahlungen stellen Arbeitsentgelt dar. Quelle: Minijob-Zentrale.de

10 Bisher Arbeitslos

10.1 „Ein-Euro-Job" (zusätzliche Arbeitsgelegenheiten)

10.1.1 Art befristete Nebentätigkeit

Warum „Ein-Euro-Job"? Dieser Betrag bezieht sich auf den Stundenlohn bzw. die Entschädigung für den Arbeitseinsatz in öffentlichen oder gemeinnützigen Institutionen. Dies sind keine regulären Arbeitsverhältnisse, sondern eine Art befristete Nebentätigkeit, für die die Betroffenen eine Mehraufwandsentschädigung enthalten: Je nach Art der Tätigkeit werden 1 bis 2 € pro Stunde gezahlt - zusätzlich zur staatlichen Unterstützung.

10.1.2 Gute Lösung für den Verein

Diese „Ein-Euro-Jobber" können zu einer wertvollen und kosten-
günstigen Hilfe für den Verein werden. Der Verein spart Geld und
hilft gleichzeitig Langzeitarbeitslosen wieder zu einer sinnvollen
Tätigkeit. Denn gerade die Arbeit im Verein zusammen mit den
vielen ehrenamtlich tätigen Vereinsmitgliedern bringt Freude und hat
schon oft zu einer weiteren Mitarbeit oder sogar zu einer Festanstellung geführt.

10.1.3 Integration Langzeitarbeitsloser

Es handelt sich hierbei um Arbeitsgelegenheiten, mit deren Hilfe der
Gesetzgeber vor allem Langzeitarbeitslose wieder in den ersten Arbeitsmarkt integriert werden sollen. Zudem dienen sie der Aufrecht-
erhaltung der Arbeitsfähigkeit und der Gewöhnung an regelmäßige
Arbeit und einen strukturierten Tagesablauf.

10.1.4 Keine Konkurrenz zum 1. Arbeitsmarkt

„Ein-Euro-Jobs" müssen im öffentlichen Interesse und zusätzlich
sein, um eine Konkurrenz zum ersten Arbeitsmarkt zu vermeiden.
Diese befristeten Beschäftigungen liegen in ihrem zeitlichen Umfang
unterhalb der Vollschichtbeschäftigung und werden durch Gesetz
und damit ohne Arbeitsvertrag eingegangen.

10.1.5 Auch am Wochenende

Zulässig ist jedoch die Arbeit am Wochenende.Gerade dies ist für
Vereine wichtig, da diese ja häufig in der Freizeit, und damit an
Wochenenden tätig sind. Als zumutbar gilt grundsätzlich jede legale
und nicht sittenwidrige Arbeit.

10.2 Nebeneinkommen zum Arbeitslosengeld

10.2.1 Maximal 15 Stunden wöchentlich

Während des Bezuges von Arbeitslosengeld kann eine selbstständige oder unselbstständige Tätigkeit beziehungsweise Beschäftigung ausgeübt und ein Nebeneinkommen erzielt werden. Die Nebenbeschäftigung darf allerdings einen zeitlichen Umfang von 15 Stunden wöchentlich nicht erreichen.

Erreicht oder überschreitet die Dauer der wöchentlichen Arbeitszeit 15 Stunden, besteht wegen fehlender Arbeitslosigkeit kein Anspruch auf Arbeitslosengeld mehr. Gegebenenfalls ist eine erneute Arbeitslosmeldung erforderlich.

Sofern eine Nebenbeschäftigung mit weniger als 15 Wochenstunden ausgeübt wird, ist das Nebeneinkommen anzurechnen. Dabei bleiben jedoch 165 € monatlich anrechnungsfrei.

Wichtig ist, dass jede Nebenbeschäftigung der Agentur für Arbeit unverzüglich und ohne Aufforderung gemeldet wird.

10.2.2 Sonderfälle beim Nebeneinkommen

Besonderheiten hinsichtlich des anrechnungsfreien Entgelts gelten dann, wenn während der letzten 18 Monate vor der Anspruchsentstehung neben einem Versicherungspflichtverhältnis

- eine geringfügige Beschäftigung oder
- eine selbstständige Tätigkeit oder
- eine Tätigkeit als mithelfender Familienangehöriger im Umfang von wöchentlich weniger als 15 Stunden für mindestens 12 Monate ausgeübt wurde.

In diesem Fall bleibt das Nebeneinkommen bis zur Höhe des während der letzten 12 Monate in dieser Tätigkeit erzielten durchschnittlichen Entgelts anrechnungsfrei, es sei denn, der mtl. Mindestfreibetrag von 165 € wäre höher.

10.3 Hilfen der Agentur für Arbeit

10.3.1 Trainingsmaßnahmen

Maßnahmen der Eignungsfeststellung/Trainingsmaßnahmen sollen die Eingliederungsaussichten verbessern. Ziel ist es, Arbeitslosen und von Arbeitslosigkeit bedrohten Arbeitssuchenden die Möglichkeit zu geben, ihre persönliche Eignung und ihre beruflichen Fertigkeiten zu überprüfen oder alternative Beschäftigungsfelder in Erwägung zu ziehen und zu erproben.

Da in den letzten Jahren viele Arbeitsstellen in Büros und Verwaltungen weggefallen sind, ist ein Training zum Geschäftsführer eines Vereins sicher eine lohnende Aufgabe.

Mit Hilfe von Maßnahmen der Eignungsfeststellung/ Trainingsmaßnahmen können auch Perspektiven erarbeitet werden, wie sich ein Arbeitsloser den Anforderungen des Arbeitsmarktes anpassen kann.

10.3.2 Eignungstest

Gefördert werden Maßnahmen, in denen die Kenntnisse und Fähigkeiten, das Leistungsvermögen und die beruflichen Entwicklungsmöglichkeiten des Arbeitslosen oder von Arbeitslosigkeit bedrohten Arbeitssuchenden sowie sonstige, für die Eingliederung bedeutsame Umstände ermittelt werden. Unter Berücksichtigung der Arbeitsmarktlage wird festgestellt, ob er für eine berufliche Tätigkeit im Verein als z.B.

- Geschäftsführer,
- Schatzmeister,
- Platzwart,
- Hausmeister

geeignet ist oder für Leistungen der aktiven Arbeitsförderung (Dauer bis zu vier Wochen).

Aktive Arbeitsförderung heißt Maßnahmen:

- Die die Selbstsuche von Arbeitslosen oder von Arbeitslosigkeit bedrohten Arbeitsuchenden sowie ihre Vermittlung, insbesondere durch Bewerbungstraining und Beratung über Möglichkeiten der Arbeitsplatzsuche, unterstützen oder die Arbeitsbereitschaft und Arbeitsfähigkeit prüfen (Dauer bis zu zwei Wochen),
- die dem Arbeitslosen oder von Arbeitslosigkeit bedrohten Arbeitsuchenden notwendige Kenntnisse und Fähigkeiten vermitteln, um eine Vermittlung in Arbeit oder einen erfolgreichen Abschluss einer beruflichen Aus- oder Weiterbildung erheblich zu erleichtern (Dauer bis zu acht Wochen).

Maßnahmen der Eignungsfeststellung und Trainingsmaßnahmen können auch kombiniert werden. Insgesamt dürfen die verschiedenen Maßnahmearten jedoch die Dauer von 12 Wochen nicht übersteigen.

Sprechen Sie über die Möglichkeiten für ihren Verein mit einem Vertreter der Agentur für Arbeit.

10.3.3 Förderungsfähige Maßnahmen

Zu den förderungsfähigen Maßnahmen gehören dabei sowohl Maßnahmen bei einem Träger als auch Tätigkeiten in einem Betrieb. Das kann auch ein Verein sein. Eine Teilnahmeförderung von Arbeitslosen oder von Arbeitslosigkeit bedrohten Arbeitsuchenden kommt in Betracht, wenn die Maßnahme angemessen und geeignet ist, die Eingliederungsaussichten zu verbessern. Über das Vorliegen dieser Voraussetzungen entscheidet jeweils die Agentur für Arbeit, in deren Bezirk die Person wohnt. Die Agentur für Arbeit muss ihre Einwilligung zur Maßnahme geben. Diese kann nur erfolgen, wenn die Maßnahme bestimmte Voraussetzungen erfüllt, die die Agentur für Arbeit zu prüfen hat.

10.3.4 Finanzielle Hilfen

Während der Maßnahme der Eignungsfeststellung/Teilnahme an einer Trainingsmaßnahme wird das zuletzt bezogene Arbeitslosengeld weiter gezahlt. Daneben kann die Agentur für Arbeit folgende Kosten übernehmen:

- Lehrgangskosten (bei einer betrieblichen Tätigkeit können keine Lehrgangskosten übernommen werden), Prüfungsgebühren, Kosten für die erforderliche Arbeitskleidung;
- Fahrtkosten (unabhängig vom tatsächlich benutzten Verkehrsmittel wird für jeden Tag, an dem die Bildungsstätte beziehungsweise der Betrieb aufgesucht wird, eine Pauschale für jeden vollen Kilometer der Entfernung zwischen Wohnung und Bildungsstätte/ Betrieb von 0,36 € für die ersten zehn Kilometer und 0,40 € für jeden weiteren Kilometer angesetzt. Monatliche Kosten für Pendelfahrten können grundsätzlich nur bis zur Höhe von 476,- € übernommen werden;
- Kosten für auswärtige Unterbringung (monatlich bis zu 340,- €) und Verpflegung (monatlich bis zu 136,- €), wenn die auswärtige Unterbringung erforderlich ist;
- Kosten für die Betreuung aufsichtsbedürftiger Kinder in Höhe von 130,- € monatlich je Kind.
- Bei Teilnehmern ohne Anspruch auf Arbeitslosengeld bezahlt die Agentur für Arbeit nur die Maßnahmekosten.

10.3.5 Ausschlussgründe

Ausgeschlossen ist eine Förderung dann, wenn die Maßnahme zu einer Einstellung bei einem Arbeitgeber führen soll,

- der den Arbeitslosen oder den von Arbeitslosigkeit bedrohten Arbeitssuchenden in den letzten vier Jahren be-

reits mehr als drei Monate versicherungspflichtig beschäftigt hat oder
- der dem Arbeitslosen vor Eintritt der Arbeitslosigkeit oder dem von Arbeitslosigkeit bedrohten Arbeitssuchenden eine Beschäftigung angeboten hat,
- von dem eine Beschäftigung üblicherweise ohne solche Tätigkeiten oder Maßnahmen erwartet werden kann oder
- dem geeignete Fachkräfte vermittelt werden können.

Basis-Quelle: Agentur für Arbeit

10.3.6 Entgeltsicherung für ältere Arbeitnehmer

Ältere Arbeitnehmer, die ihre Arbeitslosigkeit durch Aufnahme einer geringer entlohnten versicherungspflichtigen Beschäftigung beenden oder vermeiden, erhalten zeitlich befristet einen Zuschuss zum Arbeitsentgelt und einen zusätzlichen Beitrag zur gesetzlichen Rentenversicherung.

Anspruchsberechtigt sind Arbeitnehmer, die
- das 50. Lebensjahr vollendet haben,
- arbeitslos oder von Arbeitslosigkeit bedroht sind,
- ihre Arbeitslosigkeit durch Aufnahme einer geringer entlohnten versicherungspflichtigen Beschäftigung beenden oder vermeiden,
- noch für mindestens 120 Tage Anspruch auf Arbeitslosengeld bei Aufnahme der neuen Beschäftigung haben oder geltend machen können,
- in der neuen Beschäftigung Anspruch auf tarifliche Entlohnung haben. Sind Arbeitgeber und/ oder Arbeitnehmer nicht tarifgebunden, muss der ortsübliche Lohn gezahlt werden und
- eine monatliche Nettoentgeltdifferenz zwischen dem Entgelt, nach dem das Arbeitslosengeld berechnet wor-

den ist, und dem niedrigeren Entgelt der neuen Beschäftigung von mindestens 50 € haben

Die finanziellen Einbußen im Vergleich zum Arbeitsentgelt aus der früheren Tätigkeit werden durch eine zeitlich befristete Aufstockung des Arbeitsentgelts teilweise ausgeglichen. Der Zuschuss zum Arbeitsentgelt beträgt im ersten Jahr nach Aufnahme der Beschäftigung 50 % und im zweiten Jahr 30 % der monatlichen Nettoentgeltdifferenz. Daneben wird die geringere Alterssicherung durch eine zusätzliche Aufstockung der Beiträge zur gesetzlichen Rentenversicherung abgemildert.

Die Dauer des Anspruchs auf Leistungen der Entgeltsicherung beträgt zwei Jahre. Nach Unterbrechungen (zum Beispiel Befristung der Beschäftigung) werden die Leistungen unter bestimmten Voraussetzungen erneut für die noch nicht ausgeschöpfte Förderdauer von zwei Jahren erbracht.

Der Antrag auf Leistungen der Entgeltsicherung für ältere Arbeitnehmer ist bei der für den Wohnsitz des Arbeitnehmers zuständigen Agentur für Arbeit zu stellen. Die Antragstellung muss grundsätzlich vor Aufnahme der neuen Beschäftigung erfolgen.

10.3.7 Zuerst die Antragstellung

Sollten Sie sich für eine geförderte Maßnahme interessieren und diese für sich nutzen wollen, gilt die Regel (egal bei welche Institution) „vorher"! Alle öffentlich geförderten Maßnahmen müssen vor Beginn beantragt werden. Oft sind Bearbeitungszeiten und Bearbeitungswege zu beachten. Der oftmals befürchtete Aufwand ist meist gar nicht so hoch und klärendes Gespräch mit dem zuständigen Mitarbeiter hilft immer.

Sie haben sich für eine Festanstellung eines Mitarbeiters entschieden. Scheuen Sie sich nicht bei den zuständigen Stellen nach (z.B. Agentur für Arbeit, Arge, Ministerien der Länder oder des Bundes)

Einstellungshilfen bzw. Eingliederungszuschüsse zu fragen. Aber auch hier gilt: Vorherige Antragstellung.

Aufgrund der persönlichen Lebensumstände ihres möglichen neuen Mitarbeiters kann ihr Ansprechpartner die Agentur für Arbeit oder die Arge sein. Informieren Sie sich möglichst rechtzeitig und personenkonkret.

11 Arbeitnehmer im Verein

11.1 Arbeitnehmereigenschaft

Eine abhängige Beschäftigung als Arbeitnehmer liegt vor, wenn der Mitarbeiter weisungsgebunden und in die Vereinsorganisation eingegliedert ist. Dann muss der Verein u. a. Lohnsteuer und Sozialversicherungsbeiträge abführen. Zentrales Merkmal einer nichtselbstständigen Arbeit ist die persönliche Abhängigkeit des Beschäftigten, die sich in einer Weisungsgebundenheit und Eingliederung in den Betrieb des Vereins zeigt.

Der Beschäftigte schuldet dem Verein seine Arbeitskraft und der Verein bestimmt regelmäßig Inhalt, Zweck und weitere Umstände der Tätigkeit, z. B. Arbeitsort und Arbeitszeit. Der Verein ist insoweit weisungsbefugt, der Beschäftigte weisungsgebunden und insofern abhängig.

Beim Vorliegen einer abhängigen Beschäftigung muss der Verein u. a. Lohnsteuer und Beiträge zur Sozialversicherung einschließlich der Unfallversicherung für den Arbeitnehmer abführen.

11.2 Arbeitnehmer oder nicht

11.2.1 Arbeitnehmer

- Fest angestellte Geschäftsführer,
- alle Personen, die kurzfristig oder aushilfsweise vom Verein beschäftigt werden,

- hauptberufliche Trainer,
- hauptberufliche Platzwarte,
- Sportler, die von ihrem Verein für ihren sportlichen Einsatz bezahlt werden,
- Vertragsamateure, auch soweit sie nur die Aufwandspauschale erhalten, die im Jahresdurchschnitt 400 € pro Monat nicht überschreitet,
- nebenberufliche Übungsleiter, die in den Vereinsbetrieb fest eingegliedert sind.

11.2.2 Keine Arbeitnehmer

- Ehrenamtliche Vorstandsmitglieder und andere für den Verein tätige Mitglieder, die für Reisen, Telefon usw. nur eine ihre Kosten deckende im normalen Umfang liegende Aufwandsentschädigung erhalten.
- Vereinsmitglieder, die hin und wieder helfend einspringen und nur Aufwandsersatz oder ein Verzehrgeld erhalten.
- Sportler, die von ihrem Verein für ihren sportlichen Einsatz Vergütungen erhalten, die die tatsächlichen Aufwendungen nur unwesentlich, d.h. nicht mehr als 10%, übersteigen.
- Musiker, die nur gelegentlich - etwa für einen Tag oder ein Wochenende - verpflichtet werden.
- Nebenberufliche Übungsleiter, die nur in geringem Umfang beschäftigt sind (durchschnittlich nicht mehr als 6 Unterrichtsstunden pro Woche) und deshalb nicht in einem unmittelbaren Abhängigkeitsverhältnis zum Verein stehen.

Diese Personen müssen ihre Vergütungen im Rahmen ihrer Einkommensteuererklärung berücksichtigen.

11.2.3 Unternehmer

- Die Pächter von Vereinsgaststätten sind keine Arbeitnehmer, sondern selbständige Unternehmer.

11.3 Checkliste

Abhängige Beschäftigung   Selbständige Tätigkeit

Vergütung und Art der Tätigkeit

Gleich hohe Vergütung in regelmäßigen wöchentlichen/monatlichen Abständen, Fortzahlung der Vergütung auch während Urlaubs- und Krankheitszeiten.	Die Vergütung wird nach erfolgreicher Beendigung der Tätigkeit bezahlt. Für das zur Verfügung stellen von Arbeitsmitteln durch den Auftraggeber wird eine Nutzungsentschädigung verlangt.
Dienstplaneinteilung, Vereinbarung von Mindestanwesenheitszeiten Pflicht zur Erbringung von Zeitnachweisen.	Freie Einteilung der Arbeitszeiten hinsichtlich Dauer und Lage, genügend zeitlicher Freiraum für die Annahme von Aufträgen für Dritte, Vereinbarung von Fertigstellungs-/Abgabeterminen in größeren Zeitabständen.

Örtliche Einbindung

Verpflichtung zur Arbeitsleistung in den Geschäftsräumen oder Betriebsstätte (Sportstätte, Kindergarten) des Vereins. Durchführung der Arbeit ist nur mit den beim Verein vorhandenen technischen Arbeitsmitteln möglich.	Arbeit in den eigenen Geschäftsräumen/Räumlichkeiten des Mitarbeiters bzw. freie Wahl des Arbeitsorts. Ausführen der Arbeiten mit eigenen Arbeitsmitteln.

Arbeitsausführung

Verbot des Einsatzes Dritter oder von Stellvertretern. Der Einsatz weiterer Kräfte durch den Mitarbeiter ist nicht erforderlich, da das Arbeitspensum ohne weiteres von einer Person zu bewältigen ist. Jederzeitige zumindest telefonische Verfügbarkeit. Zusammenarbeit mit den Verantwortlichen des Vereins ist unerlässlich, um die Arbeitsergebnisse zu erzielen. Die Übernahme einer weiteren Tätigkeit ist an die ausdrückliche Zustimmung des Vereins gebunden. Werbung für den eigenen Geschäftsbetrieb ist untersagt, bzw. an die vorherige Zustimmung des Auftraggebers gebunden.

Der Einsatz dritter Arbeitskräfte/ Stellvertretung ist erlaubt. Das Arbeitspensum ist durch eine Person alleine nicht zu bewältigen, sondern erfordert den Einsatz eigener Mitarbeiter und den Aufbau einer eigenen Arbeitsorganisation. Keine laufende leistungsbezogene Erfolgskontrolle. Endabnahme mit Fertigstellung der Arbeit.

Eigenes Auftreten am Markt, auch durch eigene Werbe-/Marketingmaßnahmen ist erlaubt. Nur die ausdrückliche Konkurrenztätigkeit ist untersagt, im Übrigen ist die Aufnahme einer Tätigkeit für weitere Auftraggeber zulässig.

12 Verein als Arbeitgeber

12.1 Wer handelt

Ein Verein kann Arbeitgeber sein, denn der e. V. als juristische Person des Privatrechts ist eigenständiger Träger von Rechten und Pflichten und hat damit im Geschäftsverkehr das Recht, als Vertragspartner aufzutreten und Verträge abzuschließen, dazu gehören auch Arbeits- und Dienstverträge. Für ihn handelt sein gesetzlicher Vertreter, dies ist der Vorstand nach § 26 BGB, der damit die Arbeitgeberfunktion ausübt.

12.2 Was ist als Arbeitgeber zu tun

12.2.1 Finanzamt

Beantragung einer Steuernummer beim Finanzamt für Körperschaften.

12.2.2 Arbeitsamt

Beantragung einer Betriebsnummer beim Arbeitsamt und Bitte um Zusendung des Schlüsselverzeichnisses für die Angaben der Tätigkeit (formloser Antrag ausreichend).

12.2.3 Krankenkasse

Meldung an die Krankenkasse, diese vergibt ebenfalls eine Betriebsnummer (evtl. identisch mit Arbeitsamt). Anmeldung des Arbeitnehmers bei der Krankenkasse (zur Abführung von Rentenversicherung, Arbeitslosenversicherung, Krankenversicherung und Pflegeversicherung). Sozialversicherungsausweis bzw. Sozialversicherungsnummer notwendig (Entgeltbescheinigung am Ende des Jahres an die zuständige Krankenkasse schicken).

12.2.4 Arbeitnehmer

Die Lohnsteuerkarte des Beschäftigten einziehen (zur Abführung der Lohnsteuer, Solidaritätszuschlag und Kirchensteuer).

12.2.5 Berufsgenossenschaft

Anmeldebögen bei der jeweilige Verwaltungsberufsgenossenschaft (VBG) anfordern.

12.2.6 Steuerberater (oder eigene Buchhaltung)

Anlage eines Lohn-/Gehaltskontos (sog. Gehaltskontenblatt Grundlage für die Überprüfung von Finanzamt und Krankenkasse, zu bekommen im Bürofachhandel). Sozialversicherungsausweis bzw. Kopie und Lohnsteuerkarte aufbewahren.

Berechnung des Gehalts und der Abzüge anhand der Steuertabellen und der Beitragstabellen der zuständigen Krankenkasse. Liegt keine Steuerkarte vor, ist von der höchsten Steuerklasse VI auszugehen. Für die richtige Abführung von Steuern und Sozialversicherungsbeträgen haftet der Arbeitgeber und ggfs. der Vorstand persönlich.

12.3 Rechte und Pflichten des Arbeitgebers

Im Rahmen der abhängigen Beschäftigung hat der Verein als Arbeitgeber folgende Rechte und Pflichten:

12.3.1 Direktionsrecht

Direktionsrecht (Weisungsbefugnis) des Arbeitgebers über Zeit, Ort und Inhalt der vom Arbeitnehmer zu erbringenden Leistung. Das Direktionsrecht des Arbeitgebers kann über den Inhalt des Arbeitsvertrags eingeschränkt werden. Beispiel: Jemand, der als Geschäftsführer eingestellt wurde, muss nicht als Trainer arbeiten.

12.3.2 Vergütungspflicht

Der Arbeitgeber ist verpflichtet, dem Arbeitnehmer eine Vergütung zu zahlen Es besteht für Vereine dann eine Tarifbindung, wenn sie einem entsprechenden Arbeitgeberverband angeschlossen sind oder sich freiwillig zu einer tariflichen Bezahlung entschließen.

Bei zu geringer Lohnsteuerzahlung können Vereine ihre Gemeinnützigkeit verlieren. Ein solcher Verstoß liegt auch dann vor, wenn der Verein seiner Verpflichtung zur Zahlung von Lohnsteuer nicht nachkommt.

Ein Verein hat für jeden Arbeitnehmer und jedes Kalenderjahr ein Lohnkonto zu führen. Die notwendigen Angaben ergeben sich aus der Lohnsteuerdurchführungsverordnung.

12.4 Rechte und Pflichten des Arbeitnehmers

Der Arbeitnehmer hat folgende Rechte und Pflichten:
- Abgabe von Lohnsteuerkarte und Sozialversicherungsnachweis.
- Vorlage des Sozialversicherungsausweises bei geringfügiger Beschäftigung.
- Gehorsamspflicht bzw. betriebliche Rücksichtspflicht. Zweck ist die Gewährleistung der Ordnung und Sicherheit des Betriebs.
- Treuepflicht, der Arbeitnehmer muss sich für die Interessen des Arbeitgebers und des Vereins einsetzen.

12.5 Mitbestimmung

Bei mindestens fünf ständig Beschäftigten gilt das Betriebsverfassungsgesetz (jede Gewerkschaft gibt über Details Auskunft).

12.6 Kündigungsschutz

Besteht ein Arbeitsverhältnis mindestens sechs Monate, fallen Arbeitnehmer unter das Kündigungsschutzgesetz (KSchG). Eine fristgerechte Kündigung bedarf zu ihrer Wirksamkeit der Abwägung verschiedener –auch sozialer – Gesichtspunkte (Möglichkeit der Abfindung).

Bei längeren Beschäftigungszeiten verlängern sich die Fristen für die ordentliche Kündigung. Durch einen Einzelarbeitsvertrag kann eine kürzere Frist vereinbart werden, die jedoch einen Monat nicht unterschreiten darf.

Schwerbehinderte (Grad der Behinderung mind. 50 %) und Gleichgestellte sind nur erschwert kündbar, ebenso Betriebsratsmitglieder und werdende Mütter.

Der allgemeine Kündigungsschutz ist in § 1 KSchG enthalten. Falls er eintritt, kann der Arbeitgeber nur dann kündigen, wenn Gründe vorliegen, die in der Person, im Verhalten des Arbeitnehmers bzw. der Arbeitnehmerin oder in dringenden betrieblichen Erfordernissen liegen.

Dieser Kündigungsschutz gilt nur bei Vereinen mit mehr als fünf ständig Beschäftigten, die mindestens jeweils 10 Std. pro Woche oder 45 Std. pro Monat arbeiten

12.7 Versicherungsschutz

Sie sollten sich in Ihrem Verein immer die Frage stellen: Sind wir ausreichend versichert. Eine Versicherung aus unserer Sicht notwendig, wenn Sie Mitarbeiter oder Mitglieder mit Arbeitsaufgaben betrauen.

13 Lohnsteuer

13.1 Gemeinnützigkeit schützt nicht vor Lohnsteuer

13.1.1 Lohnkonto führen

Unabhängig davon, ob der Arbeitslohn steuerpflichtig oder steuerfrei ist, ob es sich um eine kurzfristige Beschäftigung oder um eine geringfügige Beschäftigung handelt müssen Vereine für jeden bei ihnen beschäftigten Arbeitnehmer ein Lohnkonto führen. Die Lohnkonten sind bis zum Ablauf des 6. Kalenderjahres, das auf die zuletzt eingetragene Lohnzahlung folgt, aufzubewahren.

13.2 Lohnsteuer abführen

Die Vereine sind verpflichtet, für ihre Arbeitnehmer die auf den steuerpflichtigen Arbeitslohn entfallende Lohnsteuer einzubehalten und an das Finanzamt abzuführen.

13.3 Eintragung in die Lohnsteuerkarte

Der Verein muss sich von seinen Arbeitnehmern grundsätzlich eine Lohnsteuerkarte vorlegen lassen. Anhand der auf der Karte eingetragenen Besteuerungsmerkmale sind unter Abzug der Freibeträge die Steuerabzugsbeträge zu ermitteln und an das Finanzamt abzuführen.

13.4 Lohnsteuer-Anmeldung

13.4.1 Bis zum zehnten Tag

Die Lohnsteuer-Anmeldung ist entweder monatlich, vierteljährlich oder jährlich abzugeben. Dies hängt von der Höhe der abzuführenden Lohnsteuer des vorangegangenen Jahres ab. Die Lohnsteuer-Anmeldung ist spätestens bis zum zehnten Tag nach Ablauf des

Kalendermonats, -vierteljahres bzw. -jahres beim Finanzamt einzureichen. Das gleiche gilt für die Abführung der Lohnsteuer.

13.4.2 Elektronische Lohnsteuer-Anmeldung

Alle Arbeitgeber sind gesetzlich verpflichtet, die Lohnsteuer-Anmeldung auf elektronischem Weg dem Finanzamt zu übermitteln. Dafür stellt die Finanzverwaltung das kostenlose Programm „Elster-Formular" (www.elster.de) zur Verfügung.

13.4.3 Ausnahmen

Sind einem Verein als Arbeitgeber aber die technischen Voraussetzungen für die elektronische Übermittlung der Lohnsteuer-Anmeldung nicht zuzumuten, kann das Finanzamt auf Antrag zulassen, dass die Lohnsteuer-Anmeldungen weiterhin in herkömmlicher Weise – auf Papier oder per Telefax – abgegeben werden.

13.5 Elektronische Lohnsteuerbescheinigung

Ab dem Kalenderjahr 2004 sind Arbeitgeber mit maschineller Lohnabrechnung verpflichtet, Lohnsteuerbescheinigungen ihrer Arbeitnehmer spätestens bis zum 28. Februar des Folgejahres elektronisch an das Finanzamt zu übermitteln. Endet das Arbeitsverhältnis schon früher, kann die Übermittlung natürlich schon vorher erfolgen. Ein Ausdruck der elektronischen Lohnsteuerbescheinigung muss dem Arbeitnehmer zur Verfügung gestellt werden, so dass er prüfen kann, ob die an das Finanzamt gesendeten Daten zutreffend sind. Nähere Informationen über Form und Inhalt der Lohnsteuerbescheinigung können Vereine beim Finanzamt erhalten.

14 Steuerliche Einschränkungen

14.1 Wirtschaftlicher Geschäftsbetrieb ausdrücklich erlaubt

Der Verein darf nicht "in erster Linie" eigenwirtschaftliche Zwecke verfolgen, wie z.B. Feste veranstalten. Lt. BFH-Urteil vom 15.07.1998 verfolgt ein gemeinnütziger Verein nicht allein deswegen in erster Linie eigenwirtschaftliche Zwecke, weil er einen wirtschaftlichen Geschäftsbetrieb unterhält und die unternehmerischen Aktivitäten die gemeinnützigen übersteigen.

14.2 Wesentliches Gepräge entscheidend

Eine gemeinnützige Körperschaft darf nicht in erster Linie eigenwirtschaftliche Zwecke - z.B. gewerbliche Zwecke oder sonstige Erwerbszwecke - verfolgen. Zur Beurteilung der Frage, ob diese Voraussetzung für die Gemeinnützigkeit erfüllt wird, ist zwischen der steuerbegünstigten und der wirtschaftlichen Tätigkeit der Körperschaft zu gewichten. Gibt eine wirtschaftliche Tätigkeit der Körperschaft bei einer Gesamtbetrachtung das Gepräge, ist die Gemeinnützigkeit zu versagen.

Sind die Einnahmen des wirtschaftlichen Geschäftsbetriebs höher als die Einnahmen des ideellen Bereichs oder des Zweckbetriebs bedeutet dies also noch nicht das Aus für die Gemeinnützigkeit. Wichtig ist, dass die gemeinnützige Tätigkeit dem Verein das Gepräge gibt.

14.3 Verwaltungskosten

14.3.1 Rahmen muss angemessen sein

Einem Verein wird die Gemeinnützigkeit versagt, wenn seine Ausgaben für die allgemeine Verwaltung einschließlich der Werbung um

Spenden einen angemessenen Rahmen übersteigen. Dieser Rahmen ist überschritten, wenn ein Verein, der sich weitgehend durch Geldspenden finanziert, diese - nach einer Aufbauphase - überwiegend zur Bestreitung von Ausgaben für Verwaltung und Spendenwerbung statt für die Verwirklichung der steuerbegünstigten satzungsmäßigen Zwecke verwendet.

14.3.2 Grundsätzlich 50 %, aber

Die Verwaltungsausgaben einschließlich Spendenwerbung sind bei der Ermittlung der Anteile ins Verhältnis zu den gesamten vereinnahmten Mitteln (Spenden, Mitgliedsbeiträge, Zuschüsse, Gewinne aus wirtschaftlichen Geschäftsbetrieben usw.) zu setzen. Für die Frage der Angemessenheit der Verwaltungsausgaben kommt es entscheidend auf die Umstände des jeweiligen Einzelfalls an. Eine für die Steuerbegünstigung schädliche Mittelverwendung kann deshalb auch schon dann vorliegen, wenn der prozentuale Anteil der Verwaltungsausgaben einschließlich der Spendenwerbung deutlich geringer als 50% ist.

14.3.3 Gründungsphase großzügiger

Während der Gründungs- oder Aufbauphase einer Körperschaft kann auch eine überwiegende Verwendung der Mittel für Verwaltungsausgaben und Spendenwerbung unschädlich für die Steuerbegünstigung sein. Die Dauer der Gründungs- oder Aufbauphase, während der dies möglich ist, hängt von den Verhältnissen des Einzelfalls ab. Der in dem BFH-Beschluss vom 23.9.1998 zugestandene Zeitraum von 4 Jahren für die Aufbauphase, in der höhere anteilige Ausgaben für Verwaltung und Spendenwerbung zulässig sind, ist durch die Besonderheiten des entschiedenen Falles begründet und ist als Obergrenze zu verstehen. In der Regel ist von einer kürzeren Aufbauphase auszugehen.

14.4 Gehälter nicht zu üppig

Die Steuerbegünstigung ist auch dann zu versagen, wenn das Verhältnis der Verwaltungsausgaben zu den Ausgaben für die steuerbegünstigten Zwecke zwar insgesamt nicht zu beanstanden, eine einzelne Verwaltungsausgabe (z.B. das Gehalt des Geschäftsführers oder der Aufwand für die Mitglieder- und Spendenwerbung) aber nicht angemessen ist.

15 Vorstandsmitglieder als Arbeitnehmer des Vereins

15.1 Argumente

Zumindest in den Vereinen, in denen der Vorstand bisher ausschließlich ohne jede Bezahlung seiner Tätigkeit gearbeitet hat, kann es schwierig sein, die Mitglieder zu motivieren, einer Bezahlung zuzustimmen. Wir halten eine ausschließlich ehrenamtliche Tätigkeit nicht mehr zumutbar, wenn mind. zwei der folgenden Kriterien erfüllt sind:

- Die Verantwortung ist aufgrund der Vereinsstruktur mit der eines GmbH Geschäftsführers vergleichbar.
- Die Tätigkeit als Vereinsvorstand ist sehr in der Öffentlichkeit präsent und wird von Dritten als Hauptberuf wahrgenommen.
- Die Arbeitszeit für den Verein übersteigt 8 Stunden im Monat.

15.2 Satzungsformulierung für Vorstandsvergütung

Ein gemeinnützige Zwecke verfolgender Verein verstößt gegen die Abgabenordnung, wenn er seinem Mitglied und Vorsitzenden seines Vorstandes für die Vorstandstätigkeit eine Vergütung zahlt, obwohl der Vorstand nach der Vereinssatzung ehrenamtlich i.S. von unentgeltlich tätig ist. - Urteil des Bundesfinanzhof vom 8.8.2001, I B 40/01 (NV), BFH/NV 2001 S. 1536 –

In der Begründung wird weiter ausgeführt, dass eine Satzungsänderung die Zahlungen zugelassen hätte:

"Vorstand und Beisitzer arbeiten ehrenamtlich. Dem steht nicht entgegen, dass die Mitgliederversammlung beschließen kann, dem Vorsitzenden für die aufgewendete Arbeitszeit eine angemessene Vergütung zu bezahlen."

„A war demnach verpflichtet, seine Tätigkeit als 1. Vorsitzender ehrenamtlich und damit unentgeltlich auszuüben. Frühestens ab der Satzungsänderung vom 8.7.1995 gestattete es die Satzung, ihm eine Vergütung für seine Vorstandstätigkeit zu zahlen, allerdings nur aufgrund eines entsprechenden auch die Höhe der Vergütung festlegenden Beschlusses der Mitgliederversammlung."

Anmerkung: Eine solche oder ihren Absichten entsprechende Formulierung muss zwingend in die Satzung, wenn Vergütungen an Vorstände gezahlt werden sollen. Stimmen Sie die Formulierung mit ihrem Steuerberater und/oder dem zuständigen Finanzamt sowie dem Rechtspfleger des zuständigen Amtsgerichts ab.

15.3 Angemessene Bezahlung

15.3.1 Apotheker-Urteil

Soll der Vorstand eines Vereins eine Vergütung seiner Tätigkeit erhalten, muss bei einem gemeinnützigen Vereinen das sog. Apotheker-Urteil des BGH beachtet werden:

Die Vergütung, die an den Vorstand zur Abgeltung seiner Arbeitsleistung gezahlt wird, muss

- dem Arbeitsaufwand gerecht werden,
- mit der damit verbundenen Verantwortung im Einklang stehen und
- der Höhe nach "üblich", d. h. vergleichbar mit Dritten sein.

Diese drei Kriterien in die Beurteilung der Angemessenheit einzubeziehen. Bei der Frage der Üblichkeit ist dabei auf vergleichbare Tätigkeiten der "Branche" abzustellen. Dabei kann durchaus mit dem Geschäftsführer z.B. einer karitativen Organisation gleichen Umfangs und gleicher Verantwortung verglichen werden.

15.3.2 Arbeitsaufwand

Der Nachweis eines entsprechenden Arbeitsaufwandes sollte zum einen durch Stellenbeschreibungen und zum anderen durch einen schriftlichen Arbeitsnachweis erfolgen.

15.3.3 Verantwortung

Die Verantwortung ergibt sich aus der Zahl der Vereinsmitglieder, dem zu verwaltenden Vermögen des Vereins sowie seiner Umsätze und nicht zuletzt aus dem Vereinszweck. Die Verantwortung für den Trägerverein eines Kindergartens ist sicher höher als die für einen Gesangverein.

15.4 Angemessen

Hier wäre auf eine vergleichbare Tätigkeit abzustellen. So wurden nach dem Tarifvertrag für den öffentlichen Dienst (West) an Mitarbeiter von Kommunen ca. folgende Stundensätze gezahlt: (Es handelt sich um überschlägig errechnete Stundensätze bei Einstellung, die von Bundesland zu Bundesland variieren können. Sonderzahlungen wurden nicht berücksichtigt)

Voraussetzung:	Stundensätze
Für Angelernte	32 € bis 40 €
Mindestens dreijährige Ausbildung	42 € bis 48 €
Fachhochschulstudium/Bachelor	51 € bis 63 €
Hochschulstudium/Master	70 € bis 84 €

Welche Anforderungen an den Vorstand eines Vereins gestellt werden, hängt wiederum von den zu bewältigenden Aufgaben ab. Die obigen Werte können nur Anhaltspunkte sein. Ein Kriterium kann sein, dass ein ordentlicher und gewissenhafter Vereinsvorstand bereit wäre, einem Nichtmitglied unter im Übrigen gleichen Umständen eine (gleiche) Vergütung für die Amtsausübung zu zahlen. BFH vom 8.8.2001, I B 40/01 (NV), BFH/NV 2001 S. 1536.

15.5 Mitgliederversammlung

Ob Vorstandsmitglieder des Vereins ihre Arbeit als bezahlte Mitarbeiter leisten können ist vereinsrechtlich davon abhängig, dass die Satzung dies in einer entsprechenden Formulierung so vorsieht und die Mitgliederversammlung einen entsprechenden Beschluss fasst.

15.6 Kein Arbeitnehmer

Dabei ist möglich, dass den Vorständen z.b. eine versteuerte Aufwandsentschädigung gezahlt wird. Als Arbeitnehmer gilt der Vorstand dann nicht, da er kraft Gesetzes, Satzung oder Gesellschaftsvertrag allein oder als Mitglieder des Vertretungsorgans (Vorstand nach § 26 BGB) zur Vertretung der juristischen Person berufen ist. Arbeitsrechtlich ist dann darauf hinzuweisen, dass die Mitglieder des Vorstands keine Arbeitnehmer sind und daher auch keine Zuständigkeit der Arbeitsgerichte gegeben ist.

15.7 Fast Arbeitnehmer mit Dienstvertrag

Es kann jedoch in einem Anstellungsvertrag eine anderweitige Regelung getroffen werden, die den Vorstand arbeitsrechtlich zu einem Arbeitnehmer des Vereins machen. Grundlage für eine bezahlte Vorstandstätigkeit ist das Dienstvertragsrecht nach den §§ 611 ff. BGB.

Maßgebend ist jedoch, was zwischen den Parteien im Vertrag geregelt wird. So besteht durchaus die Möglichkeit, Elemente eines typischen Arbeitsvertrages auch in einen Dienstvertrag mit dem Vorstand aufzunehmen. Die Regelungen des Dienstvertragsrechts schützen den Vorstand in seiner Position nicht so stark wie einen Arbeitnehmer. Dies zeigt sich u. a. beim Kündigungsschutz, bei der Lohnfortzahlung im Krankheitsfall, beim Urlaubsanspruch. Aber auch dies kann in einem Arbeitsvertrag geregelt werden. So kann es durchaus möglich sein, dass einem ehemaligen Vorstand noch Bezüge gezahlt werden müssen, auch wenn er von der Mitgliederversammlung abgewählt wurde. Dies Beispiel zeigt schon, dass sich Verein und Vorstand vor einer solchen Regelung arbeitsrechtlich beraten lassen sollten.

15.8 Haftung und Dienstvertrag

Nach der Rechtsprechung des BGH gelten die Grundsätze für eine Haftungsbeschränkung bei der Ausübung einer "gefahrgeneigten Tätigkeit" eines Vorstands nicht, es sei denn, der Vorstand übt diese Tätigkeiten im Rahmen eines Dienstvertrages und damit arbeitnehmerähnlich aus.

16 Vereinsmitglieder als Arbeitnehmer

16.1 Drei Voraussetzungen

Das Urteil des FG München v. 21.11.2000 enthält dazu folgende Grundsätze: Der Verein darf Leistungen des Ehrenamtlichen nur in angemessenem Umfang vergüten. Voraussetzungen sind, dass

- die Leistung im Einzelnen nachgewiesen ist,
- dem Ehrenamtlichen ein Vergütungsanspruch (Satzung oder Arbeitsvertrag) gegen den Verein zusteht,
- die Vergütung der Höhe nach angemessen ist.

16.1.1 Arbeitsaufwand

Der Nachweis eines entsprechenden Arbeitsaufwandes sollte zum einen durch Arbeitsanweisungen und zum anderen durch einen schriftlichen Arbeitsnachweis erfolgen.

16.1.2 Verantwortung

Die Verantwortung ergibt sich aus der speziellen Aufgabe, z.B. Übungsleiter für schwierige Jugendliche, Leiter eines hochklassigen Chores und dem Grad der persönlichen Entscheidungsfreiheit.

16.1.3 Angemessen

Hier wäre auf eine vergleichbare Tätigkeit abzustellen. Wir verweisen dabei auf die Sätze des öffentlichen Dienstes (Siehe oben). Demgegenüber stehen die vereinbarten tariflichen Mindestlöhne. Wir empfehlen, entsprechend der Branche die aktuellen Tarifverträge einzusehen.

16.2 Vergleichbare Tätigkeiten

Wir haben den Durchschnittsverdienst für die nachstehenden Branchen wie folgt recherchiert:

Bürokaufmann (-frau)	42,50
Steuerfachangestellte (-r)	52,50
Sekretär(in)	52,50
Bankkaufmann (-frau)	62,50
Bilanzbuchhalter(in)	75,00

brutto in € je Stunde ohne Sonderzahlungen bei ca. 40 Stunden Arbeitszeit in der Woche.

16.3 Satzung geht vor

Von der Satzung abweichende Beschlüsse der Mitgliederversammlung sind unzulässig und begründen keinen Anspruch des Ehrenamtlichen gegen den Verein. Das heißt, wenn in der Satzung steht (wie häufig anzutreffen) Vereinsmitglieder erhalten keine Zuwendungen vom Verein, kann die Mitgliederversammlung die Satzung nicht „Überstimmen". Vielmehr müsste dann erst formgerecht (Einladung, Tagesordnung) die Satzung geändert werden.

16.4 Satzungsformulierung

Wir halten folgende Satzungsformulierung für angemessen:

„Werden Mitglieder über die im Verein üblichen ehrenamtlichen Aufgaben hinaus tätig, können sie auf Beschluss der Mitgliederversammlung eine Vergütung erhalten, die sich an den Tarifverträgen vergleichbarer Branchen orientiert."

Stimmen Sie bei einer Satzungsänderung die vorgesehene Formulierung mit ihrem Steuerberater und/oder dem zuständigen Finanzamt und dem Rechtspfleger des zuständigen Amtsgerichts ab.

17 Verein zur Schaffung Ihres Arbeitsplatzes

17.1 Typische Gründungen

Typische Gründungen zur Schaffung einer Existenz in der Rechtsform eines Vereins:

- Ein Reitlehrer gründet einen Reitverein,
- 3 Kindergärtnerinnen gründen einen Verein zum betrieb einer Kindertagesstätte,
- ein Rechtsanwalt gründet einen Verband für eine Berufsgruppe.

Alle diese Vereine bieten dem, der oder den Initiatoren bei gelungener Gründung und professioneller Führung eine Teil- oder Vollexistenz.

17.2 Formaler Gründungsakt

Welche Schritte sind erforderlich? Sie sollten mit Gleichgesinnten einig sein über die Gründung eines Vereins zur Verwirklichung von Zielen und Aufgaben. Sie entwerfen, evtl. schon in einem größeren „Vorbereitungsausschuss", eine Satzung.

Diesen Satzungsentwurf stimmen Sie, soweit Sie einen gemeinnützigen eingetragenen Verein gründen wollen, mit dem zuständigen Mitarbeiter des Finanzamts und mit dem Rechtspfleger des Amtsgerichts ab. Sie laden die Interessierten zu einer Gründungsversammlung ein. In der Gründungsversammlung verabschieden Sie die Satzung und wählen einen Vorstand. Der Vorstand nimmt seine Arbeit auf und meldet den Verein beim Registergericht und beim Finanzamt an

17.3 Sieben auf einen Streich

Erforderlich sind zunächst mindestens sieben Gründungsmitglieder jedenfalls dann, wenn die Eintragung des Vereins in das Vereinsregister vorgesehen ist. Wir empfehlen grundsätzlich aus haftungsrechtlichen Gründen einen rechtsfähigen Verein zu gründen.

Für die Gründung eines nicht rechtsfähigen Vereins benötigen sie lediglich zwei Mitglieder. Unter den Gründungsmitgliedern können auch Minderjährige sein, die dann jedoch der Einwilligung ihrer gesetzlichen Vertreter bedürfen.

17.4 Satzungsentwurf

Sie gehen so vor, dass Sie zunächst eine Satzung entwerfen. Beachten Sie schon jetzt Ihre Interessen:

- Sie wollen einen festen Arbeitsplatz im Verein.
- Der Verein soll sich in Ihrem Sinne entwickeln, d.h., sie müssen den entscheidenden Einfluss behalten.

Der Gesetzgeber hat sog. Mindesterfordernisse festgeschrieben. Danach müssen in der Satzung festgelegt sein:

- Der Zweck des Vereins (hier ist wichtig, dass Sie zwar Ihre Interessen wahren, der Verein vom Amtsgericht jedoch nicht als „wirtschaftlicher Verein" angesehen wird und eine Eintragung ablehnt),
- sein Name (Wählen sie den Namen auch unter Marketing Gesichtspunkten, z.B. „Reiten und Fitness e.V."),
- sein Sitz (wenn Sie einen überregionalen Verband gründen wollen, ist der Sitz in einer bedeutenden Stadt förderlich, z.B. Frankfurt a.M., München, Dresden, Berlin),
- die beabsichtigte Eintragung des Vereins beim Vereinsregister.

Weitere Punkte müssen ebenfalls geregelt werden, wobei sie jedoch gewisse Gestaltungsmöglichkeiten haben:

- Unter welchen Voraussetzungen können Vereinsmitglieder ein- und austreten. (Wenn Sie die Möglichkeiten des Mitgliedschaftserwerb zu sehr einschränken, bekommen Sie Probleme mit der Anerkennung als gemeinnütziger Verein. Loten Sie aber aus, wie Sie die Mitgliedschaft in Ihrem Sinne steuern können, z.B. durch Stimmrechtsbeschränkungen. Unsere Empfehlung: Regeln Sie hier auch den eventuellen Ausschluss eines Vereinsmitgliedes.)
- Welche Beiträge (Jahresbeitrag in Geld, Aufnahmegebühr, Umlagen oder Arbeitsleistungen) sind zu erbringen und wer legt diese Beiträge in Höhe und Umfang fest. (Das könnten z.b. Sie sein und nicht zwingend die Mitgliederversammlung).
- Wie soll sich der Vorstand zusammensetzen. (Das sollten Sie sein oder zumindest eine Person Ihres Vertrauens.)
- Wie sind die Modalitäten zur Einberufung der Mitgliederversammlung.
- Denken Sie bei der Abfassung der Satzung auch gleich an die steuerlichen Vorschriften. (Sie sollten mit „Ihrem" Verein die Gemeinnützigkeit anstreben, um die vielen steuerlichen Vorteile bei der Beschäftigung von Mitarbeitern zu nutzen). Dies ist bei der Abfassung der Satzung zu berücksichtigen.

17.5 Die Gründungsversammlung

17.5.1 Einladung

Zur Gründungsversammlung laden Sie in geeigneter Weise ein. Formvorschriften gibt es hierfür nicht. Sie sollten jedoch in der Einladung die Tagesordnung so veröffentlichen, dass die Empfänger wissen, worüber sie in der Gründungsversammlung zu entscheiden haben.

17.5.2 Gründung ohne Versammlung

Wenn wir auch im weiteren Verlauf davon ausgehen, dass der „Normalfall" Gründungsversammlung auch bei Ihnen zutrifft, weisen wir doch darauf hin, dass die Beschlüsse über die Gründung eines Vereins auch im schriftlichen Umlaufverfahren gefasst werden können.

17.5.3 Stimmrecht

Stimmberechtigt sind alle juristischen und geschäftsfähigen natürlichen Personen. Minderjährige beschränkt geschäftsfähige Personen benötigen eine Vollmacht ihrer gesetzlichen Vertreter. Ob Minderjährige auch im Rahmen des so genannten Taschengeldparagrafen handeln können, hängt von der Art des Vereins ab. Z.B. bei einem Sportverein mit ortsüblichen Beitragssätzen würden wir dies bejahen.

Minderjährige können auch durch ihre gesetzlichen Vertreter bei der Gründungsversammlung vertreten werden. War einer der Gründer nicht rechtswirksam vertreten, ist die Vereinsgründung dennoch wirksam, wenn mindestens sieben Gründungsmitglieder rechtswirksam gehandelt haben.

17.5.4 Teilnehmerliste

Eine oder mehrere Teilnehmerlisten sind vorzubereiten, in die sich die Teilnehmer mit Zu- und Vornamen, Wohnsitz und Geburtsdatum eintragen.

17.5.5 Versammlungsleiter, Schriftführer

Zu Beginn eine Gründungsversammlung bestimmen sie einen Versammlungsleiter und einen Schriftführer, der den gesamten Ablauf der Versammlung protokolliert. Dabei genügt ein sog. Ergebnisprotokoll, ein Wortprotokoll ist nicht erforderlich.

17.5.6 Wer ist nun Vereinsmitglied

Vereinsmitglied sind alle die, die sich zu der Satzung bekennen und in der Abstimmung über die Satzung mit „Ja" gestimmt haben. Das bedeutet, dass Sie zur Gründung eines später einzutragenden Vereins mindestens sieben natürliche Personen benötigen, die dem Satzungsentwurf zustimmen. Und nur diese sind die Gründungsmitglieder. Es hat sich bewährt, alle Gründungsmitglieder die verabschiedete Satzung unterzeichnen zu lassen. Im weiteren Verlauf der Sitzung sind nur diese Gründungsmitglieder stimmberechtigt.

17.5.7 Vorstandswahlen

Danach beginnen die Wahlen zum Vorstand und die Wahl der Kassenprüfer. Zunächst ist ein Wahlleiter zu berufen, der die Wahlen leitet. Dieser kann selbst nicht in den Vorstand gewählt werden. Wenn er nicht gewählt werden möchte, kann dies auch der Versammlungsleiter weiter machen.

Die Wahlen werden dann bereits nach den in der Satzung festgelegten Formvorschriften durchgeführt. Das Wahlergebnis wird jeweils bekannt gegeben. In Funktion sind die neuen Vorstandsmitglieder jedoch erst, wenn sie ihre Wahl angenommen haben.

17.5.8 Protokoll

Da das Protokoll später der Anmeldung zum Vereinsregister beigefügt werden muss, müssen einige grundsätzliche Dinge beachtet werden:

- Eine Anwesenheitsliste mit Name, Adresse und Geburtsdatum ist beizufügen.
- Es muss vermerkt werden, dass die Gründungsversammlung der Gründung des Vereins zugestimmt hat.
- Festzuhalten ist, dass die Satzung in der vorgeschlagenen Form (mit entsprechenden Änderungen) verabschiedet wurde.

- Die Wahlen sind unter Beachtung der Formvorschriften durchgeführt worden. Das Ergebnis und die Annahme der Wahl werden protokolliert.
- Das Protokoll wird vom neuen ersten Vorsitzenden, dem Schriftführer und dem Versammlungsleiter bis zur Wahl unterschrieben.

17.5.9 Anmeldung

Es erfolgt dann die Anmeldung des Vereins zum Vereinsregister. Diese Erklärung sollte von allen Vorstandsmitgliedern unterschrieben werden (es gibt auch die Meinung, dass die zur Vertretung lt. Satzung erforderliche Zahl ausreicht). Die Unterschriften sind öffentlich zu beglaubigen (Notar, Ortsgericht).

Der Anmeldung sind beizufügen das Original und eine Kopie der Satzung sowie eine Kopie des Protokolls der Gründungsversammlung. Das Original der Satzung sollte von den Gründungsmitgliedern unterschrieben werden.

Mit der Eintragung in das Vereinsregister (Sie erhalten darüber eine Nachricht vom Registergericht) ist der rechtsfähige Verein entstanden. Er darf jetzt den Namenszusatz e.V. führen.

18 Gemeinsame Lösung

18.1 Die Idee

Möchten Sie mit zwei oder mehreren Vereinen z.b. eine gemeinsame hauptamtlich besetzte Geschäftstelle führen, bietet sich dafür die Rechtsform die sog. BGB-Gesellschaft an.

Auch wenn Sie Ihre Arbeit Vereinen zu Verfügung stellen wollen, der Arbeitsanfall in einem Verein jedoch nicht ausreicht, kann die Gründung einer BGB-Gesellschaft die Lösung sein.

18.2 BGB-Gesellschaft

Eine BGB-Gesellschaft oder GbR liegt vor, wenn sich mehrere Personen (Vereine) zum Betrieb eines Unternehmens zusammenschließen. Die gesetzliche Grundlage findet sich im Bürgerlichen Gesetzbuch (BGB). Dort heißt es: "Durch den Gesellschaftsvertrag verpflichten sich die Gesellschafter gegenseitig, die Erreichung eines gemeinsamen Zwecks in der durch den Vertrag bestimmten Weise zu fördern, insbesondere die vereinbarten Beiträge zu leisten". Gemeinsamer Zweck kann jede erlaubte Tätigkeit sein. Eine GbR kann auch nichtgewerbliche Zwecke verfolgen.

18.3 Errichtung durch Vertrag

Zur Errichtung der Gesellschaft bedarf es keines schriftlichen Vertrages, es genügt eine mündliche Vereinbarung. Trotzdem ist es dringend zu empfehlen, die wesentlichen Punkte des Zusammenschlusses schriftlich niederzulegen, insbesondere für den Fall, dass zu einem späteren Zeitpunkt Unklarheiten oder Meinungsverschiedenheiten entstehen.

18.4 Keine eigene Rechtspersönlichkeit

Die BGB-Gesellschaft hat keine eigene Rechtspersönlichkeit und auch keinen eigenen, offiziellen Namen. Der Unternehmensname besteht aus den Namen der als Gesellschafter beteiligten Vereine. Auf Geschäftsbriefen müssen diese ausgeschrieben angegeben werden.

18.5 Haftung der Vereine

Die Vereine haften als Gesellschafter grundsätzlich mit ihrem Vereinsvermögen. Gläubiger können Forderungen gegen die BGB-Gesellschaft, die Gesellschafter (Vereine) und beide zugleich gerichtlich geltend machen. Haftungsbeschränkungs-Modelle sind denkbar, sollten aber nicht ohne fundierte juristische Beratung gewählt werden.

18.6 Gemeinsame Geschäftsführung

Das Gesetz sieht bei der BGB-Gesellschaft vor, dass die Geschäftsführungsbefugnis den Gesellschaftern gemeinschaftlich zusteht und damit eine gewisse Kontrolle möglich ist. Die Vertretung richtet sich nach der Geschäftsführungsbefugnis, es gilt der Grundsatz der Gesamtvertretung durch alle Gesellschafter gemeinsam. Im Gesellschaftsvertrag kann aber anderes vereinbart werden.

18.7 Ausscheiden von Gesellschaftern

Das Ausscheiden einzelner Gesellschafter hat grundsätzlich die Auflösung der Gesellschaft zur Folge. Diese Konsequenz kann in der Praxis zu äußerst unbefriedigenden Ergebnissen führen. Durch entsprechende Gesellschafterbeschlüsse sollten daher andere Regelungen vereinbart werden.

18.8 Steuern

Die GbR unterliegt als Personengesellschaften weder der Einkommensteuer noch der Körperschaftsteuer. Der Gewinn wird vielmehr einheitlich und gesondert festgestellt und unmittelbar den Gesellschaftern (Vereinen) zugerechnet. Bei den Vereinen als den Gesellschaftern unterliegen die Gewinnanteile je nach steuerlicher Zuordnung und Situation des einzelnen Vereins der Körperschaftsteuer.

19 Existenzgründung und Verein

19.1 Die Idee

19.1.1 Was ist möglich

Eine Existenzgründung mit Hilfe eines oder mehrerer Vereine ist dann denkbar, wenn man sich z.b. mit einem Schreibbüro oder Buchführungsbüro, als Trainer oder im Bereich Grundstückspflege selbständig machen will.

Dazu sollten möglichst mehrere Vereine (um eine Scheinselbständigkeit zu vermeiden) gewonnen werden, die Teile ihrer Verwaltungs- oder gewerblichen Tätigkeit außer Haus geben wollen, z.b. die Mitgliederverwaltung, die Grundstückverwaltung, die Buchführung, Platzwart o.ä.

19.1.2 Verein muss prüfen

Innerhalb des Vereins muss geprüft werden, ob dem nicht satzungsmäßige Bestimmungen entgegenstehen. Grundsätzlich ist für die Beschlussfassung die Mitgliederversammlung zuständig.

19.2 Verschiedene Wege

Sie können auf vielen verschiedenen Wegen zu Ihrem eigenen Unternehmen kommen. Nahezu alle Möglichkeiten sind auch in Verbindung mit Vereinen denkbar:

- Neugründung
- Unternehmensübernahme
- Teamgründung
- Ausgründung
- Beteiligung
- Kooperation
- Kleingründung

- Nebenerwerbsgründung

19.3 Abwägen

Welche Sie wählen, hängt von verschiedenen Faktoren ab, die auch je nach Persönlichkeitsstruktur, finanziellem Hintergrund und Vorbildung variieren:
- Wo liegen die größten Chancen?
- Wie kann das Risiko reduziert werden?
- Wie viel Gestaltungsspielraum wollen Sie haben?
- Haben Sie in diesem Bereich schon ehrenamtlich gearbeitet?
- Gibt es eine günstige Gelegenheit zum Kauf oder zur Pacht eines Unternehmens, z.b. einer Vereinsgaststätte?

19.4 Externe Berater

Mit allen diesen Möglichkeiten der Existenzgründung sind zahlreiche Fragen verbunden, die im Vorfeld zu klären sind. Nur die wenigsten Gründer können diesbezüglich auf eigene Erfahrungen zurückgreifen, so dass in dieser wichtigen Phase unbedingt fachlich qualifizierte externe Berater hinzugezogen werden sollten.

19.5 Besonderheiten „Verein und Verband"

Jede Gründerin, jeder Gründer muss sich mit den besonderen Bedingungen des Vereins- und Verbandslebens vertraut machen.

19.5.1 Berufliche Qualifikationen

Nicht jede gewerbliche oder freiberufliche Tätigkeit erfordert einen bestimmten Ausbildungsabschluss. Ob und welche berufliche Qualifikation Sie benötigen, erfahren Sie von der zuständigen Kammer oder dem zuständigen Berufsverband. Informieren sie sich darum vorher genau bei den Vereinen, mit denen Sie eine Zusammenarbeit anstreben, welche Anforderungen diese stellen.

19.5.2 Anmeldungen/Genehmigungen

Ansprechpartner finden Sie in Handwerkskammern, Industrie- und handelskammern oder regionalen Wirtschaftsförderungsämtern der Städte und Landkreise. In der Gastronomie ist das Gesundheitsamt ein weiterer wichtiger Ansprechpartner.

19.5.3 Kunde Verein

Es ist ein Unterschied, ob Sie mit gewerblichen Vertragspartnern sprechen oder ob Sie Vereine für eine Zusammenarbeit gewinnen wollen. Wie Sie die Verantwortlichen der Vereine am besten ansprechen, hängt dabei nicht nur von der Art des Vereins und der Klärung der internen Zuständigkeiten ab, sondern auch von Ihrem besonderen Angebot, mit dem Sie sich von Ihren Wettbewerbern unterscheiden.

19.5.4 Finanzierung

Die Höhe des Startkapitals hängt nicht nur vom Umfang des Vorhabens ab, sondern selbstverständlich auch von Ihrer Branche. Schließlich benötigt selbst ein kleiner Hightech-Betrieb in der Regel ein sechsstelliges Startkapital, wohingegen eine freiberufliche Tätigkeit eher geringe Startkosten verursacht. Für Kapitalgeber sind nicht zuletzt die gesamtwirtschaftlichen Aussichten einer Branche von Bedeutung.

19.6 Gründungs-Know-how

19.6.1 Businessplan

Wer sich beruflich selbständig machen will, benötigt einen ausgefeilten Plan, wie er seine Geschäftsidee in die Tat umsetzen will. Dieses Konzept sollte alle Faktoren berücksichtigen, die für Erfolg oder

Misserfolg entscheidend sein können. Rat und Hilfe bieten hierbei wieder Fachverbände und Kammern.

19.6.2 Brancheninformationen

Auch im Bereich Vereine gib es natürlich verschieden „Branchen". Informationen darüber geben Ihnen wichtige Hinweise darauf, ob Ihre Idee überhaupt funktioniert.

Mitgliederorientierte Vereine	Gemeinsame Aktivitäten zur Befriedigung der Bedürfnis der Mitglieder	Sportvereine, Gesangvereine, Freizeitvereine, Pfadfinder, Jugendclubs
Wertorientierte Vereine	Aktivitäten zur Durchsetzung als richtig erkannter Wertvorstellungen	Bürgerinitiativen, Umwelt- und Naturschutzvereine
Aufgabenorientierte Vereine	Aktivitäten zur Erfüllung von Aufgaben zugunsten der Allgemeinheit	Hilfsorganisationen, Feuerwehren, Rotes Kreuz, Caritas

19.6.3 Formalitäten

Bevor Sie mit Ihrem neuen Unternehmen starten, müssen Sie einige Formalitäten beachten und erledigen, wie z.B.: Die Anmeldung Ihres Unternehmens oder Einholung einer amtliche Erlaubnis für Ihre selbständige Tätigkeit.

19.6.4 Korrespondenz

Wenn Sie Ihren (zukünftigen) Kunden, Lieferanten oder Geschäfts-
partnern Rechnungen, Angebote, Bestellungen oder andere Ge-
schäftsbriefe schreiben, müssen Sie bei der Gestaltung der Briefe
bestimmte gesetzliche Vorschriften einhalten.

19.6.5 Recht und Verträge

Als Unternehmerin bzw. Unternehmer müssen Sie sich mit einer
ganzen Reihe von rechtlichen Vorschriften auseinander setzen.

19.6.6 Rechtsformen

Eine Rechtsform ist wie ein festes Gerüst für Ihr Unternehmen. Sie
können zwischen verschiedenen Rechtsformen die passende Rechtsform wählen. Zur Auswahl stehen Personengesellschaften oder Kapi-
talgesellschaften.

19.6.7 Steuern

Als Unternehmerin oder Unternehmer müssen Sie Steuern entrich-
ten. Auf jeden Fall Umsatzsteuer und Einkommensteuer, je nach
Tätigkeit und Rechtsform Ihres Unternehmens Gewerbesteuer und
Körperschaftsteuer.

19.6.8 Versicherung/Vorsorge

Das unternehmerische Risiko, das Sie als Selbständige oder Selb-
ständiger tragen, kann niemand versichern. Sie können aber vorsor-
gen: Ewa gegen Schäden, die die Arbeit in Ihrem Unternehmen be-
einträchtigen würden.

19.6.9 Das Unternehmen anmelden

Als zukünftiger Freiberufler beantragen Sie beim Finanzamt eine
Steuernummer. Als zukünftiger Gewerbetreibender müssen Sie Ihr

Vorhaben beim Gewerbeamt anmelden. Das Gewerbeamt informiert dann alle weiteren Behörden und Institutionen, wie bspw. das Finanzamt, das Ordnungsamt, die Berufsgenossenschaft, die Industrie- und Handelskammer oder die Handwerkskammer.

19.6.10 Genehmigungen einholen

Für eine ganze Reihe von selbständigen Tätigkeiten brauchen Sie eine amtliche Erlaubnis und/oder eine Genehmigung. Im Einzelhandel sind bspw. für bestimmte Bereiche Sachkundenachweise erforderlich. Die Beförderung von Personen ist genehmigungspflichtig. Und Produktionsbetriebe müssen beispielsweise Genehmigungen für ihre Anlagen einholen. Erkundigen Sie sich frühzeitig bei Ihrer IHK oder HWK, ob und welche Genehmigungen und Erlaubnisse Sie für Ihr Vorhaben benötigen.

19.7 Die Förderdatenbank des Bundes

Die Förderdatenbank bietet einen Überblick über die Förderprogramme des Bundes, der Länder und der Europäischen Union.

Im Mittelpunkt stehen Finanzhilfen für Existenzgründer sowie kleine und mittlere Unternehmen der gewerblichen Wirtschaft. Dabei werden auch die Zusammenhänge zwischen den einzelnen Programmen aufgezeigt, die für eine effiziente Nutzung der staatlichen Förderung von Bedeutung sind.

Die Suche kann anhand von Förderkriterien wie Fördergebiet, Förderberechtigte, Förderbereich und Förderart gefiltert werden. Einführende und erläuternde Informationen zum Thema Förderung ergänzen das umfassende Informationsangebot.

19.8 Hilfen bei Arbeitslosigkeit

19.8.1 Gründungszuschuss

Arbeitslose, die sich selbstständig machen wollen, erhalten zur Förderung der Aufnahme einer selbstständigen Tätigkeit den so genannten Gründungszuschuss. Dieser fasst die bisherigen Einzelmaßnahmen, das Überbrückungsgeld und den Existenzgründungszuschuss (Ich-AG) zusammen.

Arbeitnehmer, die durch Aufnahme einer selbstständigen, hauptberuflichen Tätigkeit die Arbeitslosigkeit beenden, haben zur Sicherung des Lebensunterhalts und zur sozialen Sicherung in der Zeit nach der Existenzgründung Anspruch auf einen Gründungszuschuss. Ein direkter Übergang von einer Beschäftigung in eine geförderte Selbständigkeit ist nicht möglich.

19.8.2 Voraussetzungen

Der Gründungszuschuss wird geleistet, wenn der Arbeitnehmer bis zur Aufnahme der selbstständigen Tätigkeit Anspruch auf Entgeltersatzleistungen nach dem SGB III hat oder in einer Arbeitsbeschaffungsmaßnahme nach dem SGB III beschäftigt war.

Bei Aufnahme der selbstständigen Tätigkeit müssen Gründerinnen und Gründer noch über einen Restanspruch auf Arbeitslosengeld von mindestens 90 Tagen verfügen. Außerdem müssen sie die notwendigen Kenntnisse und Fähigkeiten zur Ausübung der selbstständigen Tätigkeit darlegen. Bei begründeten Zweifeln an diesen Kenntnissen und Fähigkeiten kann die Agentur für Arbeit die Teilnahme an Maßnahmen zur Eignungsfeststellung oder zur Vorbereitung von Existenzgründungen verlangen.

Geförderte Personen haben ab dem Monat, in dem sie das Lebensjahr für den Anspruch auf Regelaltersrente im Sinne des Sechsten Sozialgesetzbuches (SGB VI) vollenden, keinen Anspruch auf einen Gründungszuschuss. Eine erneute Förderung ist nicht möglich, wenn seit dem Ende einer Förderung der Aufnahme einer selbstständigen Tätigkeit noch nicht 24 Monate vergangen sind.

19.8.3 Gutachten

Eine fachkundige Stelle muss das Existenzgründungsvorhaben begutachten und die Tragfähigkeit der Existenzgründung bestätigen. Fachkundige Stellen sind insbesondere Industrie- und Handelskammern, Handwerkskammern, berufsständische Kammern, Fachverbände und Kreditinstitute.

19.8.4 Was wird gezahlt

Der Gründungszuschuss wird in zwei Phasen geleistet. Für neun Monate wird der Zuschuss in Höhe des zuletzt bezogenen Arbeitslosengeldes zur Sicherung des Lebensunterhalts und 300 € zur sozialen Absicherung gewährt. Für weitere sechs Monate können 300 € pro Monat zur sozialen Absicherung gewährt werden, wenn eine intensive Geschäftstätigkeit und hauptberufliche unternehmerische Aktivitäten dargelegt werden.

Bereits bewilligte Förderungen mit einem Existenzgründungszuschuss bleiben von den Änderungen unberührt. Die Dauer des Anspruchs auf Arbeitslosengeld mindert sich (in den ersten neun Monaten der Förderung) um die Anzahl von Tagen, für die ein Gründungszuschuss gezahlt wurde.

20 Anlagen

20.1 Mustersatzung (steuerlich)

Nur aus steuerlichen Gründen notwendige Bestimmungen ohne Berücksichtigung der vereinsrechtlichen Vorschriften des BGB

§ 1 Der ....(e.V.)

mit Sitz in ....

verfolgt ausschließlich und unmittelbar - gemeinnützige – mildtätige - kirchliche - Zwecke (nicht verfolgte Zwecke streichen) im Sinne des Abschnitts „Steuerbegünstigte Zwecke" der Abgabenordnung.

Zweck des Vereins ist..

(z.b. die Förderung von Wissenschaft und Forschung, Bildung und Erziehung, Kunst und Kultur, des Umwelt-, Landschafts- und Denkmalschutzes, der Jugend- und Altenhilfe, des öffentlichen Gesundheitswesens, des Sports, Unterstützung hilfsbedürftiger Personen).

Der Satzungszweck wird verwirklicht insbesondere durch

....

(z.b. Durchführung wissenschaftlicher Veranstaltungen und Forschungsvorhaben, Vergabe von Forschungsaufträgen, Unterhaltung einer Schule, einer Erziehungsberatungsstelle, Pflege von Kunstsammlungen, Pflege des Liedgutes und des Chorgesanges, Errichtung von Naturschutzgebieten, Unterhaltung eines Kindergartens, Kinder- Jugendheimes, Unterhaltung eines Altenheimes, eines Erholungsheimes, Bekämpfung des Drogenmissbrauchs, des Lärms, Errichtung von Sportanlagen, Förderung

sportlicher Übungen und Leistungen).

§ 2 Der Verein ist selbstlos tätig; er verfolgt nicht in erster Linie eigenwirtschaftliche

Zwecke.

§ 3 Mittel des Vereins dürfen nur für die satzungsmäßigen Zwecke verwendet werden. Die Mitglieder erhalten keine Zuwendungen aus Mitteln des Vereins.

§ 4 Es darf keine Person durch Ausgaben, die dem Zweck der Körperschaft fremd sind, oder durch unverhältnismäßig hohe Vergütungen begünstigt werden.

§ 5 Bei Auflösung des Vereins oder bei Wegfall steuerbegünstigter Zwecke fällt das Vermögen des Vereins

a) an - den - die - das ....

(Bezeichnung einer juristischen Person des öffentlichen Rechts oder einer anderen steuerbegünstigten Körperschaft) - der - die - das - es unmittelbar und ausschließlich für gemeinnützige, mildtätige oder kirchliche Zwecke zu verwenden hat,

oder

b) an eine juristische Person des öffentlichen Rechts oder eine andere steuerbegünstigte Körperschaft zwecks Verwendung für ....

(Angabe eines bestimmten gemeinnützigen, mildtätigen oder kirchlichen Zwecks, z.B. Förderung von Wissenschaft und Forschung, Bildung und Erziehung, der Unterstützung von Personen, die im Sinne von § 53 Abgabenordnung wegen ....bedürftig sind,

Unterhaltung des Gotteshauses in ....).

20.2 Gemeinnützig anerkannten Zwecke

20.2.1 Anerkannte Sonderausgabe

Verzeichnis der nach § 52 Abs. 2 Abgabenordnung als gemeinnützig anerkannten Zwecke

Als Förderung der Allgemeinheit sind anzuerkennen:

1. die Förderung von Wissenschaft und Forschung;

2. die Förderung der Religion;

3. die Förderung des öffentlichen Gesundheitswesens und der öffentlichen Gesundheitspflege, insbesondere die Verhütung und Bekämpfung von übertragbaren Krankheiten, auch durch Krankenhäuser im Sinne des § 67 der Abgabenordnung, und von Tierseuchen;

4. die Förderung der Jugend- und der Altenhilfe;

5. die Förderung von Kunst und Kultur

6. die Förderung des Denkmalschutzes und der Denkmalpflege;

7. die Förderung der Erziehung, Volks- und Berufsbildung einschließlich der Studentenhilfe;

8. die Förderung des Naturschutzes und der Landschaftspflege im Sinne des Bundesnaturschutzgesetzes und der Naturschutzgesetze

der Länder, des Umweltschutzes, des Küstenschutzes und des Hochwasserschutzes;

9. die Förderung des Wohlfahrtswesens Verbände, insbesondere der Zwecke der amtlich anerkannten Verbände der freien Wohlfahrtspflege (§ 23 Umsatzsteuer-Durchführungsverordnung), ihrer Unterverbände und ihrer angeschlossenen Einrichtungen und Anstalten;

10. die Förderung der Hilfe für politisch, rassisch oder religiös Verfolgte, für Flüchtlinge, Vertriebene, Aussiedler, Spätaussiedler,

Kriegsopfer, Kriegshinterbliebene, Kriegsbeschädigte und Kriegsge-
fangene, Zivilbeschädigte und Behinderte sowie Hilfe für Opfer von
Straftaten; Förderung des Andenkens an Verfolgte, Kriegs- und
Katastrophenopfer; Förderung des Suchdienstes für Vermisste;

11. die Förderung der Rettung aus Lebensgefahr;

12. die Förderung des Feuer-, Arbeits-, Katastrophen- und Zivil-
schutzes sowie der Unfallverhütung;

13. die Förderung internationaler Gesinnung, der Toleranz auf allen
Gebieten der Kultur und des Völkerverständigungsgedankens;

14. die Förderung des Tierschutzes;

15. die Förderung der Entwicklungszusammenarbeit;

16. die Förderung von Verbraucherberatung und Verbraucherschutz;

17. die Förderung der Fürsorge für Strafgefangene und ehemalige
Strafgefangene;

18. die Förderung der Gleichberechtigung von Frauen und Männern;

19. die Förderung des Schutzes von Ehe und Familie;

20. die Förderung der Kriminalprävention;

21. die Förderung des Sports (Schach gilt als Sport);

22. die Förderung der Heimatpflege und Heimatkunde;

23. die Förderung der Tierzucht, der Pflanzenzucht, der Kleingärtnerei, des traditionellen Brauchtums einschließlich des Karnevals, der
Fastnacht und des Faschings, der Soldaten- und Reservistenbetreuung, des Amateurfunkens, des Modellflugs und des Hundesports;

24. die allgemeine Förderung des demokratischen Staatswesens im
Geltungsbereich dieses Gesetzes; hierzu gehören nicht Bestrebun-
gen, die nur bestimmte Einzelinteressen staatsbürgerlicher Art ver-

folgen oder die auf den kommunalpolitischen Bereich beschränkt sind,

25. die Förderung des bürgerschaftlichen Engagements zugunsten gemeinnütziger, mildtätiger oder kirchlicher Zwecke.

20.2.2 Keine Sonderausgabe

Zwecke bei denen die Mitgliedsbeiträge nicht als Sonderausgabe abziehbar sind

1. Sport,

2. Kulturelle Betätigungen, die in erster Linie der Freizeitgestaltung dienen,

3. Heimatpflege und Heimatkunde,

4. Tierzucht, Pflanzenzucht, Kleingärtnerei, traditionelles Brauchtum einschließlich des Karnevals, der Fastnacht und des Faschings, Soldaten- und Reservistenbetreuung, Amateurfunken, Modellflug und Hundesport.

21 Index

Jobmaschine Verein